Romance Espírita

AQUELLOS QUE AMAN

Por el espíritu
António Carlos

Psicografía de
VERA LÚCIA MARINZECK DE CARVALHO

Traducción al Español:
J.Thomas Saldias, MSc.
Trujillo, Perú, Mayo 2022

De la Médium

Vera Lúcia Marinzeck de Carvalho (São Sebastião do Paraíso, 21 de octubre –) es una médium espírita brasileña.

Desde pequeña se dio cuenta de su mediumnidad, en forma de clarividencia. Un vecino le prestó la primera obra espírita que leyó, "El Libro de los Espíritus", de Allan Kardec. Comenzó a seguir la Doctrina Espírita en 1975.

Recibe obras dictadas por los espíritus Patrícia, Rosângela, Jussara y Antônio Carlos, con quienes comenzó en psicografía, practicando durante nueve años hasta el lanzamiento de su primer trabajo en 1990.

El libro "Violetas na Janela", del espíritu Patrícia, publicado en 1993, se ha convertido en un éxito de ventas en el Brasil con más de 2 millones de copias vendidas habiendo sido traducido al inglés, español, francés y alemán, a través del World Spiritist Institute.

Del Traductor

Jesus Thomas Saldias, MSc., nació en Trujillo, Perú.

Desde los años 80's conoció la doctrina espírita gracias a su estadía en Brasil donde tuvo oportunidad de interactuar a través de médiums con el Dr. Napoleón Rodriguez Laureano, quien se convirtió en su mentor y guía espiritual.

Posteriormente se mudó al Estado de Texas, en los Estados Unidos y se graduó en la carrera de Zootecnia en la Universidad de Texas A&M. Obtuvo también su Maestría en Ciencias de Fauna Silvestre siguiendo sus estudios de Doctorado en la misma universidad.

Terminada su carrera académica, estableció la empresa *Global Specialized Consultants LLC* a través de la cual promovió el Uso Sostenible de Recursos Naturales a través de Latino América y luego fue partícipe de la formación del **World Spiritist Institute**, registrado en el Estado de Texas como una ONG sin fines de lucro con la finalidad de promover la divulgación de la doctrina espírita.

Actualmente se encuentra trabajando desde Peru en la traducción de libros de varios médiums y espíritus del portugués al español, así como conduciendo el programa "La Hora de los Espíritus."

ÍNDICE

INTRODUCCIÓN

Muchas veces nosotros nos entristecemos con los recuerdos del pasado. Aunque, nuestros actos nos pertenecen. Las buenas acciones nos enseñan, es de sentido común que las memorias de malas acciones nos motiven a repararlas. Pero mismo los que ya saldaron sus cuentas consigo mismos, se emocionan ante hechos pasados.

España. Auge de la Inquisición. Médico trabajador, me gustaba la profesión, tuve el honor, así lo sentí en ese momento, de curar una enfermedad de trato difícil para un monseñor de la Santa Inquisición, en la región donde residía.

Viví bien con mi familia. Relativamente bien, ya que en ese momento todos tenían miedo, estaban inseguros. Estaba casado, tenía cuatro hijos, todos saludables, nosotros vivíamos en una casa estupenda y bonita.

Este monseñor – no citaré nombres porque para mí los nombres son transitorios, no importan, y ser denominado en una encarnación en la que sembramos terror, miedo y odio es muy deprimente –, agradecido, me eligió como médico de la Congregación. No me gusto mucho, pero hasta aquí todo bien, solo serían pacientes.

Pero siempre tenemos un "pero" que en determinadas situaciones nos molesta. Fui llamado para una conversación privada con el monseñor.

– Mi querido doctor – dijo con arrogancia –, confío en usted. Sabe que me gusta que un médico asista a las sesiones de interrogatorio y te escogí para que te quedes en el lugar del médico anterior.

– ¿Qué le pasó al Dr. C...? – Pregunté asustado.

– Él no es digno de llevar a cabo un trabajo tan importante para la Iglesia. ¡Es un traidor!

Ante su respuesta, no me atreví a rechazar la invitación, tartamudeé:

– No sé si estoy a la altura del cargo que se me ofrece.

– ¡Lo estás! ¡Claro que lo estás! – Respondió el autoritario monseñor, mirándome prepotente –. No te vas a negar a aceptar, ¿verdad? Te advierto que si te niegas lo consideraré como una ofensa.

– Es que me gusta atender a mis pacientes y...

– Bueno, puedes continuar, solo trabajarás con nosotros unos pocos días al mes. ¿Y por dinero? ¡Por supuesto! No te preocupes, serás bien remunerado. Comienzas el jueves, cuando tendremos un interrogatorio.

Terminó la conversación. Me fui a casa desesperado. Así que llegué, le conté todo a mi esposa.

– Llegué a saber que el medico C... apareció muerto en río – dijo ella –, no se sabe bien lo que pasó, unos dicen que lo asesinaron, otros dicen, los más allegados a la familia, que se suicidó. La familia se está yendo de aquí, llevándose solo la ropa, como dicen, están dejando todos los bienes a la Iglesia. Van a mudarse a Francia, donde tienen parientes. Muy extraño, ¿no crees? Ya había escuchado que él ya no quería trabajar más para el Santo Oficio. ¡Y resultó en esto!

– ¿Qué hago? – Le pregunté afligido.

– Bueno, querido, no tienes alternativa. Trabaja para ellos.

– Sabes bien que tendré que participar en interrogatorios que son realmente sesiones de tortura. Mi trabajo será examinar a los torturados para ver si aguantan o no las atrocidades. No puedo aceptar...

– ¡Sí, lo harás! – Gritó con autoridad –. ¡Vete! ¡No tienes otra opción! ¡O trabajas con ellos o el torturado serás tú! ¡O nosotros! ¿No piensas en los tuyos? ¿Qué será de mí? ¿De tus hijos?

Tenía muchos argumentos. Al escucharla, parecía que recién estaba conociendo en ese momento su verdadera personalidad. Era ambiciosa y pensó en las ventajas que tendríamos, seríamos adulados por mucha gente y seríamos ricos. Pero también estaba el miedo, el miedo a perderlo todo, incluso la vida, y de manera cruel.

Cobarde, pensé que no tenía elección. Me horroricé el primer día. Escuché hablar de las barbaridades, pero presenciarlas fue horrible. Me fui a casa devastado, vomité toda la noche.

Quise huir con mi familia a otro país, pero mi esposa me convenció de quedarme.

– ¡Te acostumbras! Mejor estos herejes que tú o nosotros. ¿Ya pensaste si nuestra fuga sale mal? ¿Han pensado alguna vez tus hijas en las manos de estos hombres?

Me fui quedando. Traté en secreto, cuando fue posible, de calmar los sufrimientos de los prisioneros, de los herejes, como se les llamaba. Muchas veces llevaban agua en recipientes escondidos en la ropa, dándoles medicina para aliviar el dolor. Pedí perdón a muchos de ellos.

Pasados los años, cobarde, no fui capaz de decir no al Santo Oficio, a los miembros inquisidores, y siempre fui motivado a continuar por mi esposa. Pero esos interrogatorios me hicieron muy mal. Me puse triste y enfermo, estaba perturbado. Decía estar cansado y el monseñor me apartó. Mi familia se sintió aliviada porque muchos enfermos mentales eran vistos como poseídos por el diablo, torturados y asesinados. Mi esposa me encerró en casa, contrató sirvientes para que me cuidaran. En este momento éramos muy ricos. O mejor dicho, ellos, mis parientes lo eran.

Las escenas crueles que vi no podían salir de mi cabeza, perdí el equilibrio, perdí la noción de todo. Me volví loco. Cuando murió mi cuerpo físico, mi familia se sintió aliviada y continuaron gastando la fortuna que acumulé.

Desencarné y en espíritu seguí atormentado, vagando por el cementerio y por la antigua casa, más perturbado que antes. No estaba obsesionado y nadie me persiguió queriendo venganza. Sufrí por mis propias acciones. Ningún individuo que vi siendo torturado me encontró culpable. ¡Pero yo si! Y era más que suficiente. Nuestra propia condena es más rígida. Durante muchos años guardé las escenas que presencié en mi mente, no tenía descanso, las recordaba día y noche. Tenía conciencia de mi culpa, pero también culpé a mi esposa. Estaba enojado con ella, pero después la odié. Ella era, pensé, la principal culpable, la causa de mi sufrimiento. Siempre es más fácil culpar de nuestros errores a otros. Solo más tarde comprendí que ambos teníamos la culpa y que no podía huir de mis errores. Pero en ese momento pensé que estaba en el infierno, estaba desesperado, la culpé, pensé que ella era la que me motivaba, me obligaba a servir al Santo Oficio. No pensé en vengarme, no estaba en, pero la odié y prometí no volver a verla nunca más. Quería estar lejos de ella.

Pasaron los años, hasta José María, un espíritu muy bondadoso que, cuando encarnado fue sacerdote y por tener enfrentado a la Inquisición fue torturado y asesinado, vino en mi ayuda. Habló mucho conmigo, me ayudó. Nos convertimos en amigos. Me ayudó y tuve otras oportunidades a través de la reencarnación.

Ha pasado mucho tiempo. En otro cuerpo, otra personalidad, yo estaba empleado cómo capataz en una hacienda.

Conocí a Lourdes, la negra Lourdesita negra, y me disgustó profundamente. Un día su esposo desapareció y la puse en el tronco exigiendo que ella hablase dónde él estaba.

Me extrañó esta actitud. Consideraba que la esclavitud era cruel e injusta, nunca había golpeado a nadie. En esa finca no se aplicaban muchos castigos a los esclavos. Ella dijo no saber nada de él; no le creí y seguí azotándola.

El señor de la hacienda, al ver el injusto castigo, mandó dejarla en libertad y fui despedido. En ese momento no tuve remordimientos, esa negrita, a la que yo no apreciaba, recibió su merecido castigo, la golpeé con furia.

Pasó mucho tiempo. Pero ¿qué es el tiempo sino el orden de los acontecimientos? ¿Una secuencia de hechos? ¿La vida es la suma del tiempo? ¿La suma de días, años y siglos? Si es así, ¿envejecerá la vida? ¿La vida es el tiempo?

No, la vida no es tiempo. La vida es la negación del tiempo. El tiempo es el producto de nuestra conciencia y se mide por ella en términos de los recuerdos del pasado entrando en contacto con el presente. Proyecta esperanzas para el futuro. Este es el tiempo. La vida es plenitud, no en el sentido de ociosidad, porque es solo en la relatividad de la relación que la vida se manifiesta. Sin relación no hay la vida.

Quiso la espiritualidad que nos reuniésemos nuevamente, yo y aquella que fuera mi esposa y se convirtió en Lourdesita, ahora reencarnada en otro cuerpo. Para enmendar nuestros errores fuimos llamados a hacer un trabajo en conjunto. Nos hicimos grandes amigos. Antes de ir a su encuentro, supe todo lo sucedido. Guardé silencio. Dejé que el tiempo, ese factor imprescindible, se encargara de madurarnos. Sabía que un día ella lo sabría, recordaría todo. Entonces esperé.

Nuestro trabajo comenzó a dar buenos y dulces frutos, y en consecuencia, como sucede siempre, nos metemos en el camino de aquellos que no concordaban con nosotros en ese momento.

Uno de estos disidentes, teniendo conocimiento de los hechos narrados, comenzó a obligarla a recordar. No interferí. Esperé ansiosamente el desarrollo de la eventos.

Mi compañera de trabajo comenzó a recordar, los azotes le parecían reales, escuchaba el chasquido del látigo, le parecía que la ropa estaba mojada de sangre. Y pensó:

– "¿Será que en el pasado azoté a alguien?" – Se preguntó con tristeza a sí misma. Pronto llegó a la conclusión que era ella la que había sido azotada. Como también entendió que el verdugo era ahora una entidad querida.

– "¿Quién será? – Pensó –. No importa, sea quien sea, yo a seguir amándolo. Todo tiene una razón y él o esta persona tenía la suya. Todo ya pasó y no tiene más importancia."

Pero ella comenzó a observar a todos a su alrededor.

– "¿Éste?¿ Será aquel o aquella?"

Hasta que me miró profundamente. No enfrenté su mirada, bajé mi cabeza.

– ¿Fuiste tú? – Preguntó tímidamente.

– Sí – respondí avergonzado –, ¿me perdonas?

– Te perdono – respondió ella con sinceridad y sonriendo a su manera amable –. Por favor, no te sientas en deuda. El espíritu discordante que por días estaba con ella, bajó la cabeza y se retiró.

Nos miramos con emoción y disimuladamente me sequé las lágrimas. A ejemplo de aquellos que aman, aprendemos a amar...

Y a todos aquellos que tienen el amor como principal objetivo de sus vidas, les dedicamos este libro.

Antônio Carlos

São Carlos – SP – 1997

LA MUDANZA

Nací en España, hijo de padres agricultores y de familia numerosa. Asistí a la escuela por un corto tiempo donde aprendí a leer y escribir. Estaba orgulloso de esto, me gustaba estudiar, pero desafortunadamente tuve que trabajar. Nuestra vida no fue fácil, trabajábamos duro y vivíamos mal.

Conocí a Dolores en una fiesta y nos enamoramos. Fue una alegría cuando conseguí el coraje, después algunos encuentros, para decir:

– Dolores, te amo. ¿Quieres ser mi esposa?

– Lorenzo, yo también te amo. ¡Acepto! Prometo ser una esposa dedicada.

Éramos jóvenes cuando nos casamos. Era bondadosa, dulce y muy bonita. Nos quedamos viviendo con mis padres, porque todos mis hermanos ya estaban casados. Pronto vinieron los niños. El primero, un niño, llamado José María, lo amaba profundamente, así como a los demás, Joaquim, María Inmaculada, Eva y Laura, la Laurita.

Dolores y yo nos llevábamos muy bien, era una esposa entregada, trabajadora y nos queríamos mucho. Trabajaba en la finca, pero no estaba fácil, los duros inviernos, plagas en las plantaciones y, a tiempo para vender la cosecha, los precios eran bajos. Nuestro esfuerzo era enorme.

Mis padres murieron al poco tiempo y el lugar que teníamos fue dividido. Me quedé con una parte pequeña.

Muchos españoles venían a las colonias de América, y por la noticias, estaban bien. Yo tenía un primo, Amancio, éramos amigos, nos llevábamos muy bien y su mujer era amiga de Dolores. una tarde llego nosotros visita, llegó eufórico los mi casa.

– Lorenzo, ¡me voy al Brasil! ¿Por qué no para las colonias españolas? – Le pregunté.

– Prefiero el país que parece tener forma de corazón. Brasil es grande y lleno, sus riquezas son abundantes. Prefiero la colonia portuguesa, voy a con la familia para vivir allí. Aventurémonos. Vengo a invitarte. ¿No quieres venir con nosotros? No veo cómo podemos mejorar aquí. Trabajamos duro y vivimos en la pobreza. Allí, trabajando se progresa. ¡Ven con nosotros!

– No sé – respondí –, necesito pensar. Dolores está embarazada y no sé si voy a tener dinero para los gastos.

– Dolores está en el inicio del embarazo, tendrá al niño en las tierras brasileñas. Vende todo lo que tienes y vamos a intentar la suerte en otras tierras.

– ¿Seguro quieres ir a la colonia portuguesa?

– ¡Quiero y lo haré! Sueño con esas tierras donde no hay nieve en invierno, en que la tierra produce todo lo que se planta. ¡Es patria generosa!

También me entusiasmé. Conversé con Dolores.

– Lorenzo, amo España – dijo – pero no estoy apegada. Se que Amancio es muy entusiasta. Prefiero tener los pies en la tierra. Nada es fácil. Sin trabajo perseverante y honesto, no hay progreso con conciencia tranquila. Allí no tendremos facilidades, pero oportunidades en trabajo.

Siempre fue tu sueño inmigrar a las colonias y junto con Amancio y Marita será más fácil, no iremos solos. Y, como la colonia portuguesa es tan grande y rica, siempre tendremos muchas opciones

– ¡Pero estás embarazada!

– Pues mira – respondió ella – , embarazo aquí o allá, los riesgos son los mismos. Después, siento que solo tendré este hijo. A veces tengo la sensación que voy a cambiar. Ir a un lugar lejano, donde te extrañaré mucho y no volveré más.

– Debes haber previsto nuestro viaje. ¿No será un gran cambio? Y si no sale bien, no habrá regreso.

– Y – dijo Dolores en voz baja –, tal vez sea esto o tal vez la muerte... Fui a atender a un hijo que me llamó entusiasmado, ni siquiera le hice mucho caso a lo que me dijo Dolores. La muerte era lo último en lo que pensaba en ese momento.

Motivado por Amancio, fui a ver la posibilidad de irnos. Los parientes alentaran, aunque nadie más se arriesgase a ir con nosotros. Creyendo que me iría bien en tierras nuevas, lleno de sueños y esperanzas me fui con mi primo a hablar con el dueño del barco. La embarcación partiría a Brasil, pero a pesar de todo su destino fueron las colonias españolas. El precio parecía razonable, con la venta de mi terreno y nuestros ahorros pagaríamos los boletos del barco y todavía quedaría dinero para invertir en algunas cosas en el Brasil.

Vendí la tierra a uno de mis hermanos y estábamos ansiosos por la partida, en la víspera de zarpar, el dueño del barco quería más dinero. reclamado quien cobró barato y que la demanda era grande.

Insatisfechos, pagamos la diferencia y nuestras reservas financieras disminuyeron. Las despedidas fueron alegres. Toda la familia y amigos deseaban éxito. Salimos de España una hermosa mañana, instalados de la mejor manera posible en el barco. Éramos cuatro adultos y once niños, cinco nuestro y siete de Amancio y Marita.

A medida que el barco se alejaba de la costa española, sentí una opresión en la corazón. Nos quedamos en la cubierta, mirando. Todo en silencio, sentí que no volvería más. Me consolaba pensando que todos los que amaba estaban conmigo y nada me detuvo en mi patria. Allí dejamos hermanos, sobrinos, tíos y primos. Ahora nuestra familia éramos solamente nosotros y estábamos muy unidos.

Marita fue quien rompió el silencio.

– ¡Adiós, España querida! ¡Creo qué no volveré más! ¡Adiós!

Pronto vi que el viaje no iba a ser fácil, estábamos muy mal acomodados, la comida era mala y la mayoría estaba mareada por el balanceo del barco. Le temíamos a tormentas y posible ataques de piratas.

Eva mi hija pequeña, despúes unos pocos días de viaje empezó a vomitar más que otros y darnos mucho trabajo. Se dieron medicinas y tés, pero sin efecto, fue empeorando, hasta que desencarnó. Tenía casi cuatro años, era hermosa, cabello castaño claro rizado, elegante y activa. Pero al desencarnar era delgada, con ojeras y muy pálida, sostuve tu cuerpo inmóvil durante media hora. ¡Qué profundo dolor! El tiempo pasa y al recordar episodios de separación de los seres queridos sentimos algo del dolor del pasado. Amancio la tomo de mis brazos y la llevo para tirarla al mar. No quisimos ver, Dolores tampoco.

Dolores estaba profundamente entristecida, parecía arrepentirse de haberse aventurado en ese viaje, pero no dijo nada. Al darse cuenta que ella sufría mucho, quizás más que yo, me volví más considerado con ella. Amaba a mi esposa y era ella quien me consolaba:

– Lorenzo, no llores así. Nuestras lágrimas pueden mojar las alas del nuestro ángel, de nuestra niña que ahora es un angelito, y podemos prevenir que ella suba al cielo.

– Tienes razón, Dolores – dije, tratando de sonreír.

– Cuando nacemos, la única certeza es que vamos a morir. ¡Todos morimos! Es algo que debería ser natural, pero lo complicamos tanto y nosotros sufrimos. Debemos conformarnos, Dios lo quiso así...

No creía mucho en lo que enseñaba la religión. Éramos católicos. Tenía muchas dudas, pero no encontraba a nadie que me ayudara a aclararlas. Estaba seguro que la vida continuaba después de la muerte del cuerpo, pero no en el cielo o en el infierno. Intenté resignarme a pensar que Eva estaba bien al otro lado.

Pero días después, Dolores comenzó a sentirse enferma. Todo indicaba que el parto iba a ser prematuro. Me asusté. Sabía que con el tiempo de cinco a seis meses, si nacía el bebé, se moría. Marita, que la cuidó, me llamó y me dijo suavemente:

– Lorenzo, Dolores está enferma. Realmente no sé lo que tiene, parece que no es solo el parto prematuro.

– ¿Crees que es serio? – Pregunté preocupado –. ¡Pero ella ya tenía cinco hijos!

– Pueden ocurrir complicaciones con cualquier parto. Ella no está bien.

Viajaba con nosotros un médico, un Sr. De casi 40 años. Vivía en Brasil, había ido a visitar a unos familiares en España. Fui a él y le pedí para atender a mi esposa.

– Cobro – dijo él –, es tanto...

La cantidad era alta, más de la mitad de mi dinero. Pero pagué y se fue cerca de ella. El médico se desvivió por ayudarla, creo que hizo lo correcto, lo mejor que pudo. Aunque mi Dolores desencarnó.

Lloré desesperadamente, sentí que una parte de mí moría. La amaba profundamente. Marita se acercó a mí.

– ¡Lorenzo, reacciona, tienes cuatro hijos por criar!

– Lo sé, Marita – le respondí –, por eso no me muero con ella. Ahora tengo que ser papá y mamá para ellos.

Envolvieron su cuerpo en una sábana blanca y subimos a cubierta a verla ser arrojada por la borda. Mi hijo José María me agarró de las piernas y preguntó inocentemente:

– ¿Y el bebé?

– Él murió con ella – respondí triste.

– ¿Los dos van a subir al cielo?

– ¡Así es!

– Lástima que mamá no nos llevó. Sería muy interesante subir al cielo. ¿Será que ellos crearon alas? ¿O que otros que fallecieron vinieron a buscarlos?

No respondí, no sabía qué decir. Pero deseaba ardientemente que Dolores no fuera al cielo y se quedase con nosotros, aunque fuese en espíritu.

Entonces la sentí cerca de mí y la escuché. Fueron palabras susurradas a mi oído.

– "Mi esposo, yo también te amo. Debo irme, déjame partir. ¡Es solo una despedida! ¡Nos reencontraremos! ¡Ten fe y ánimo! ¡Cuida a nuestros hijos!"

El sonido del cuerpo cayendo al agua se mantuvo para siempre en mi mente. Me quedé apático. Hablaba solamente lo esencial, pero me esforzaba con mis hijos, traté de complacerlos.

Sufrí mucho, pero por amor a ellos, aun pequeños, decidí luchar, intentar superar la falta que me hizo mi pareja. Amancio se sintió responsable.

– Oh, Lorenzo, si lo supiese no habría viniendo ni los hubiese invitado. ¡Que tristeza! Lo peor es que no tenemos dinero para volver. Tenemos que quedarnos en Brasil por lo menos hasta conseguir juntar dinero para pagar nuestro regreso.

– ¿Volver? ¿De qué sirve? – Respondí –. No será lo mismo. ¿Qué voy a hacer en España sin Eva y Dolores? Será mejor que nos quedemos en Brasil y nos establezcamos de la mejor manera posible.

Fue un viaje triste. A veces me rebelaba y preguntaba por qué tantos acontecimientos tristes. Pensé angustiado: "¿Será que si nos hubiésemos quedado en España Eva y Dolores habrían muerto" Me sentía culpable y Amancio también. No quería culparlo, él solo nos invitó, decidí no reclamar más y pasé a quedarme cada vez más callado.

Viajaba con nosotros un señor alemán que leía mucho la Biblia, trató de consolarme, excepto que hablaba español muy mal y, como nosotros, estaba tratando de aprender portugués. No nos entendíamos, pero oraba por nosotros y me sentía mejor. Fue él, su actitud amable, lo que me hizo tomar la Biblia de Dolores y leer, hábito que adquirí y pasé entonces a leer casi a diario e intentar comprender lo que leía. Eso fue para mí un gran consuelo y mi rebeldía se fue suavizando hasta que desapareció. Entendía que necesitaba hacer un esfuerzo, vivir y luchar por mis hijos. Los miré, eran hermosos, y me miraban como pidiendo ayuda, protección, ahora solo me tenían a mí.

– Los amo – dije abrazándolos –. Haré todo para hacerlos felices. Nunca más voy a amar a otra mujer, amaré siempre a

Dolores y no voy a darles una madrastra. Voy a vivir por ustedes y para ustedes.

Fuimos testigos de dos tormentas, pero no fueron fuertes y el viaje continuó, monótono.

Un día, un barco se emparejó con nosotros. El comandante nos explicó:

– Es un barco negrero, traer negros del África para las colonias

– ¿Tráfico? – Preguntó un pasajero.

El comandante no respondió, estaba preocupado. Un bote con tres tripulantes se acercó. Pronto los tres abordaron el barco y fueron a hablar en voz baja con el comandante. Pero pude entender que estaban con problemas.

– Dr. Antero, por favor – dijo el comandante.

El doctor los escuchó, se mostró reacio, pero terminó yendo con ellos al otro barco. Nos quedamos detenidos esperando. Dos horas luego, el médico regresó preocupado y se fue a limpiar, y nuestro barco siguió navegando. Nos enteramos que había una peste, un enfermedad epidémica en la embarcación negrera. Muchos negros e incluso tripulantes habían muerto y muchos otros estaban enfermos. O médico no pudo hacer nada, no había medicamentos. Amancio comentado triste:

– Lorenzo, tengo que pedirte perdón. Aventúrate en este viaje y no deberían tenerlo alentado. Si lo hubiese sabido...

– Deja este "si" – pidió Marita –. Siempre ponemos el "si" en nuestras amarguras y arrepentimientos. Cuando decidimos venir, no sabíamos que podría ocurrir. El futuro es desconocido, y si nos hubiéramos quedado, seguramente nos habríamos preguntado: "¿Y si nos hubiéramos ido? ¿Estaríamos mejor?" ¡Vinimos y punto!

– ¡Qué tierra elegimos para vivir! – Exclamó amargamente Amancio –. ¡Lugar donde hay esclavos, unos esclavizando a otros! ¡Esclavos por ser negros! Y encima van a sus tierras y los capturan.

– No te amargues tanto – pedí –. ¡Vamos a confiar! Todo lo que sucede es por voluntad de Dios y Él debe tener razones que desconocemos. Marita tiene razón. He estado pensando mucho y no veo otra manera de actuar. Debemos esperar e intentar llevar a cabo nuestros planes. Es solo que no puedes comprar nada. Pero conseguiremos trabajos. Quizás algún día conseguiremos volver a España.

Quiero decirte, primo mío, que vinimos porque quisimos. Dolores y yo lo decidimos y no deben sentirse culpables. Nuestra amistad debe ser más fuerte que antes. Ahora somos uno para el otro y debemos estar unido y sin culpa. Fue Dolores quien murió, pero pudo haber sido Marita o cualquiera de nosotros. En cuanto a los negros, será mejor acostumbrarse, viviremos con la esclavitud y debemos nosotros adaptar al costumbres de la patria que nos dará la bienvenida.

– La esclavitud me entristece – dijo Marita –. ¿Será que en las colonias no existe gente que lamenten esto?

– Deben existir – dijo Amancio –, pero deben tener intereses mayores que hace que guarden silencio. Los negros son mano de obra barata y el interés financiero siempre es mucho más fuerte.

– Estoy en contra de la esclavitud – dijo –, espero no involucrarme con este hecho.

– Dicen horrores sobre el sufrimiento de los negros – dijo Marita –, y pudimos ver mucho bien lo que ellos pasan. El médico dijo que ellos viajan peor que animales. ¡Pobrecitos!

Suspiré. Pensé que habíamos hecho una mala elección. No deberíamos habernos mudado. Allá en España no sería peor que lo que estábamos pasando y lo que ciertamente todavía pasaríamos aquí. No dije nada. Hicimos nuestra elección y tendríamos que adaptarnos a ella.

Nos acercábamos a tierras brasileñas y un día, temprano en la mañana, vimos los costa de Río en Janeiro, nos quedamos maravillados.

– ¡Qué lugar maravilloso! – Exclamó Marita –. ¡Bello así, solo puede ser bendito!

Cansados del viaje, miramos esperanzados el hermoso paisaje.

LOURDESITA

¡Nosotros pensamos bien pisar *terra firma*! Admiramos todo. Río de Janeiro era realmente bonito. Guiados por el comandante, nos dirigimos a una posada propiedad de una señora lusitana, la Posada del Portugués, que nos recibieron muy bien.

– ¡Qué diferente es todo de España! – Exclamó Marita –. No puedo explicar a nuestros compatriotas por carta. No creo que sepa cómo describir lo que veo.

Estuvimos de acuerdo con ella. Todos lo estábamos disfrutando.

– ¡Qué mezcla en razas! – Dijo admirado, Amancio.

– En un lugar con tantas diversidades, no puede haber racismo, prejuicio. O ciertamente no lo habrá en el futuro.

Los niños estaban eufóricos, olvidé mi tristeza y participé con ellos de la alegría de tener una comida bien preparada, con alimentos frescos. Al poco tiempo, Amancio y yo salimos a buscar trabajo. Fuimos al mercado donde vendían esclavos, para ponerse en contacto con los terratenientes. No fue agradable ver seres humanos vendidos como animales, pero tratamos de no prestar atención a este dato que nos impactó, fuimos allá a buscar trabajo. Días después conseguimos trabajo como capataces, por entender de cultivos. Fuimos a haciendas diferentes; sin embargo, cercanas entre sí y además de la ciudad de Río de Janeiro.

Gastamos todo nuestro dinero en la posada y para comprar objetos para la casa y ropa para usar cuando en clima caliente. Estábamos esperanzados. Nuestros patrones nos enviaron a buscar en una carreta. La hacienda donde iría Amancio estaba más cerca de la ciudad. Nos despedimos, los niños lloraron, pero nosotros prometimos que de 15 en 15 días nos visitaríamos.

– ¡Quédense con Dios! – Dijo Marita –. Obedezcan a su papá y ayuden.

– ¡Adiós, mis primos! – Dijo María Inmaculada. Para ustedes que tienen madre será más fácil.

La miré con tristeza, sabía que tenía razón, pero haría todo lo posible para hacer más fácil sus vidas. Los abracé, seguimos viaje. Ahora éramos solamente mis hijos y yo, y permanecí con el corazón oprimido. José María me miró y tratando de sonreír y dijo:

– ¡Valor, papi! ¡Yo te ayudaré!

Nos gustó la hacienda. Era un lugar hermoso. La casa que nos dieron para vivir era pequeña, pero nueva y cómoda. Nos acomodamos de la mejor manera posible. Organicé la tarea. Me levantaba de madrugada y me iba dejando el almuerzo listo. José María, mi hijo mayor, me ayudó a cuidar de los menores y también de los servicios de casa.

Se hicieron amigos de los niños de la hacienda y a menudo se llevaban sus comidas en cuartos de esclavos, junto con los niños negros.

Me gustaba mi trabajo, tenía que repartir el trabajo entre los esclavos, organizar horarios y además cuidar de los caballos.

Allí se trataba bien a los negros y los castigos eran escasos. Yo podía castigar, pero me limité a llamar la atención. Quien castigó fue el capataz, pero solamente luego de muchas advertencias

Teníamos libre los domingos. Un río de abundante pesca pasaba por la finca, muy bonito y con aguas limpias, donde pescábamos en esos días.

También aprovechaba los domingos para limpiar la casa, lavar la ropa y quedarme con los niños. Nos acostumbramos pronto a la vida en la hacienda y aprendimos fácilmente el idioma: los niños más pequeños ya hablaban sin acento. Y, como prometimos, una vez al mes íbamos a casa de Amancio y ellos también nos visitaban. Cuando llegaban, Marita hacía el almuerzo, ella cocinaba bien, y a los niños les encantaba ver a sus primos y jugaban todos. También fue agradable ir a su casa. Hablamos mucho, recordamos el pasado, España. Teníamos pocas noticias de nuestro parientes, escribíamos, pero las cartas demoraban mucho y poco a poco fueron escaseando.

Extrañaba mucho a Dolores, extrañaba a mi compañera, a mi amiga que siempre me motivaba. Los niños también extrañaban a su madre. Siempre las escuchaba decir:

– Si mamá estuviera aquí...

Evitaba hablar de ella con los chicos, pero me desahogaba con Amancio y Marita, que me escuchaban con cariño. Marita siempre me consolaba:

– Lorenzo, lo estás haciendo bien. ¡Eres un padre maravilloso! Los niños te adoran. ¡No te desanimes, nunca!

– ¡A veces me entristece pensar en lo que podría pasarles si yo me muero!

– ¡No digas eso! – dijo Amancio –. No morirás dejándolos pequeños. Pero nos tienes a nosotros y nosotros te tenemos a ti, uno contando con el otro en las dificultades.

Tan pronto como llegué a la finca, vi a una negra, Lourdes, Lourdesita, que trabajaba lavando ropa en la casa grande. No me agradó, me cayó antipática sin saber por qué. Aunque no tenía ninguna razón para hacerlo, comencé a evitarla. Era vanidosa, trabajadora y hablaba mucho. Tenía como compañero a Zé y era madre de dos hijos. Una día, mi patrón me llamó:

– Lorenzo, Zé desapareció desde ayer. Lo busqué y no lo encontré.

– ¿Será que huyó? – Pregunté.

– No sé, hace tiempo que no se me escapa ningún esclavo. Pero cuando se trata de negros, todo es posible. ¡Investiga!

Salí a buscar a Zé. Nadie lo había visto ni querían hablar. Así que fui a Lourdesita.

– ¿Dónde está tu marido? – Pregunté con autoridad. Ella; sin embargo, no se intimidó, me enfrentó con la mirada y contestó con altivez:

– No sé, ¿no eres tú quien lo busca? ¡En mi bolsillo no está!

– ¡Negra insolente!

Me puse listo para abofetearla, pero una esclava que nos escuchaba interfirió:

– No le pegue, sr. ¡Lorenzo! Está nerviosa por la desaparición de su marido. Es que se ha estado besando con una negrita de la finca de al lado. Lourdesita él piensa que él fue a buscarla ayer los noche y se quedó por allí con la descarada.

Desarmé la mano y le hice unas preguntas que la vieja esclava contestó, Lourdesita se quedó quieta. Con la información en la mano me fui a la finca vecino. Zé no había aparecido allí y la esclava de quien parecía estar enamorado no lo había visto y también estaba preocupada por su desaparición. Volví enojado. Primero fui a averiguar si había noticias del fugitivo, pero aun estaba desaparecido. Pasé por mi casa, ya era hora del almuerzo, María Inmaculada se había quemado. Fue a calentar la comida y se quemó con la sartén, y Joaquim había golpeado a Laurita. Me puse aun más nervioso. Parecía que todo iba mal. Cuidé de la herida de mi hijita, organicé la casa y salí irritado. Fui a buscar de nuevo Lourdesita.

– No he encontrado a tu marido – dije con autoridad –. ¡Debe haberse escapado! Y tú debes saber para donde. Sabelotodo, me diste uno pista falsa. Él nunca se fue a otra hacienda.

– ¿Nunca fue? – Preguntó –. Así que Zé mintió. Oh, me dijo que siempre iba allí.

– ¿Quiero saber dónde está? Es mejor que me digas pronto la verdad.

– ¡No lo sé!

– ¡Lo sabes! ¡Y me lo vas a decir! – Dije furioso.

– ¡No lo sé! ¡No lo sé! – Gritó nerviosa –. Y si lo supiera, no te lo diría, iría hablar con "mi señor."

– ¡Esclava idiota! ¡Qué crees que eres?

– ¡Un ser humano!

– ¡Insolente! O me dices dónde está Zé o te castigo.

– ¡No sé dónde está, Zé! – Dijo ella asustada –. No tengo la menor idea.

– Se escapó y tú debes estar preparándote para encontrarte con él. Me hiciste perder el tiempo diciendo que él podría estar en la hacienda vecina. ¡Voy a castigarte!

La tomé por el brazo y la arrastré. Sus compañeras imploraban:

– ¡Señor Lorenzo, no haga eso! ¡Ella realmente no lo sabe! ¡No la castigue! Sin embargo, ella no dijo nada, pero me desafiaba con su mirada. Nervioso, la até al tronco, tomé el látigo y la golpeé con fuerza. Ella solo gimió suavemente. Después de unos pocos latigazos, me detuve. Mis pensamientos estaban confusos: "¿Por qué hago esto? ¿Mío Dios, cómo yo puedo golpear a una mujer?

"Estoy enojado con ella. ¡Ella es culpable! ¡Claro que es! ¿Sabe dónde está el marido y no quiere decirlo. Aprenderá a no desafiar a un hombre blanco. ¿Blanco? ¿No somos todos iguales?"

Llegué cerca de ella y le pregunté nervioso:

– Lourdesita, ¿dónde está Zé?

Ella no me respondió, trató de no gemir, continuó con la cabeza abajo y ni me miró. Estaba con la espalda toda ensangrentada.

– Permanecerá allí hasta que me lo digas – determiné.

Cuando até a Lourdesita al tronco, las compañeras que vieron y oyeron nuestra conversación corrieron a advertir al jefe. Este vino a ver qué estaba pasando. Al ver a Lourdesita, ordenó a los esclavos que fueron a llamarlo:

– ¡Sáquenla del tronco inmediatamente y cuídenla! ¡Y tú, Lorenzo, ven conmigo!

Lo seguí aborrecido hasta las sala de la casa grande.

– ¿Por qué golpeaste a Lourdesita? – Me preguntó aborrecido.

– Usted me envió a buscar a Zé – respondí, tratando de justificarme –. Nadie sabe de él, ella me dio una pista falsa. Se escapó y Lourdesita sabe donde él está y no quiere decírmelo. Encima fue malcriada conmigo.

– ¡No me gustan los castigos injustos! Tuviste la tarea de buscar, no de castigar. ¡Estás despedido! Aquí está tu liquidación. Ya no trabajas para mí. Múdate de aquí lo antes posible...

Tomé el dinero y me fui rápidamente. Era tarde y pronto oscurecería. fui a casa, estaba nervioso y perturbado. José María me preguntó:

– Papi, ¿por qué llegaste temprano? Estaba avergonzado. Aunque no estuviese arrepentido, tuve vergüenza de lo que había hecho y mentí:

– ¡Fui despedido! Me despidieron porque me negué a castigar a una esclava. Incluso le di algunos latigazos. Como no quería pegarle más, el jefe me despedido.

– Hiciste lo correcto – dijo José María –, no te preocupes, trabajo no habrá de faltar.

– Mañana por la mañana vamos a casa de Amancio. Me prestaron el carrito, un esclavo no llevará. Allí veré qué hacer.

Nos acostamos temprano. Quería salir de allí lo más rápido posible. No quería que mis hijos escuchasen los hechos como realmente sucedieron y darse cuenta de que mentí o, peor, que hice mal.

Me desperté por la mañana y comencé a empacar todo. Mis hijos fueron a despedirse de los amigos, de los niños esclavos.

– No se demoren, ya estamos saliendo – les recomendé. Cuando regresaron, María Inmaculada preguntó:

– Ellos dijeron que golpeaste a Lourdesita. ¿Es verdad?

– Es por no golpear más que nos vamos de aquí. Él la golpeó, ¡pero fue obligado! – dijo José María defendiéndome.

Empaqué todas nuestras cosas en el carro lo más rápido que pude y nos fuimos.

Llegamos a la casa de Amancio, estaba trabajando, le conté mi versión. a Marita. Ella nos recibió calurosamente. Cuando Amancio vino a almorzar, Nosotros le contamos lo que ocurrió y mi primo intentó animarme:

– ¡Los empleados por aquí tienen que obedecer! ¡Quizás haya sido mejor así! Voy a hablar con mi jefe, le voy a pedir que te consiga un trabajo. Un compañero nuestro, un empleado, parece que se va a mudar, se va. Y puedes tomar su lugar. Vivir en la misma hacienda será mucho mejor. Marita podrá cuidar a tus hijos.

Esperanzado, esperé ¿y Lourdesita? Aunque no estuve interesado, supe noticias suyas.

Estaba en mal estado cuando la desataron del tronco. Embarazada de casi cuatro meses, comenzó a tener fuertes dolores abortivos. Las amigas que la llevaron la pusieron en un ambiente en la senzala que era usado para los enfermos.

La trataron con tés, que solo aliviaron el dolor. Lourdesita abortó. Pasó días bajo el cuidado de las negras, pero como era fuerte y saludable, se recuperó pronto.

Cinco días después, encontraron el cuerpo de Zé en el río. Apareció flotando y ya en descomposición. Dedujeron, y así sucedió, que se fue a pescar y se cayó al río y, cómo no sabía nadar, se ahogó.

Incluso sabiendo esto, no sentí ningún remordimiento. Pensé en ella con enojo y padecía por ello. Era consciente del injusto castigo que la hice sufrir, por los latigazos, el aborto y el hecho de haber perdido a su compañero. Pero, no entendiendo el porqué, estaba enojado con ella y pensaba que todo lo que le pasó era bien merecido.

Amancio me consiguió trabajo, comencé a vivir cerca de ellos, esto me facilitó mucho. Marita pasó a cuidar de mis hijos.

La hacienda en la que trabajé estaba al lado de la que estaba ahora y había comentarios sobre el hecho. Amancio y Marita no me dijeron nada, preferían creer en mí, porque me conocían y pensaban que era incapaz de haber hecho una mezquindad. Me callé avergonzado. Nunca, mientras estuve encarnado, les comenté el tema, pero además nunca lo olvidé.

Lourdesita continuó con su trabajo después de recuperarse. Prefirió olvidar y, cuándo le preguntaban sobre el hecho, contestaba sin resentimiento:

– Ser esclavo es así, castigado con o sin razón.

Años después, su dueño, el señor que era eras dueño de la finca, enviudó. Él repartió la hacienda con sus hijos, pero él se quedó con la casa grande y las tierras aledañas. También repartió los esclavos, pero sin dañar a nadie. Los esclavos podían elegir dónde ir, para no separar a las familias. Lourdesita con los niños se quedó con él y se fue a servir a la casa grande, donde tiempo después se convirtió en su amante. Él la liberó a ella y a sus dos hijos, y ella tuvo dos hijos más que heredaron aquel pedazo de tierra...

Este señor fue bueno con ella, pero Lourdesita correspondió. Se enfermó y ella se encargó de él con afecto.

Lourdesita falleció ya anciana, entre sus hijos, nietos y bisnietos. contaba con historia de su castigo, cuando estuvo inmerecidamente en el tronco. Ella me perdonó. El hecho quedó solo en sus recuerdos, una historia para contar y nuestra la vida se volvió más fácil porque estábamos cerca de los miembros de nuestra familia y amigos, empeoró en cuanto a la vivienda: la casa era incómoda, teníamos que buscar agua lejos. José María comenzó a trabajar mucho para ayudarme.

Marita también trabajaba mucho, comíamos en su casa, Ayudábamos con los gastos. En esta finca había muchas más cosas que hacer. Amancio y yo trabajábamos duro y continuamos siendo grandes amigos.

Llevábamos un año allí y dos años en Brasil. Los amigos me aconsejaron casarme otra vez. Me rehusaba y decía:

– No. Les prometí a mis hijos no darles una madrastra. Vivimos bien y tengo miedo en casarme y empeorar. ¡Amo a mis hijos!

Los niños se sintieron seguros al escuchar esto. Estaban creciendo fuertes y saludables. María Inmaculada ya estaba cocinando con la ayuda de Marita. Pensé que mis hijos trabajaban demasiado jóvenes, pero la vida no era fácil. Aunque soñaba en proveer un existencia mejor por ellos.

Un día, Amancio y yo estábamos mirando una plantación, cuando una serpiente lo picó. La maté y vimos que era venenosa. Hice una venda como sabía y lo llevé a su casa.

– Lorenzo – dijo preocupado – No estoy bien. ¿Me saldré de esta? ¡Esa maldita era venenosa!

– Tranquilo, Amancio, no debemos asustarnos. Debes estar sintiendo el efecto del veneno, pero no será mortal.

Sentí que Amancio estaba asustado y yo también, pero traté de sonreír y dar ánimos. Quise creer que él sobreviviría.

Marita y los niños se sobresaltaron con nuestra llegada. Lo acomodé en la cama y corrí a la senzala. Busqué a una mujer negra que entendía de hierbas y hacía bendiciones y medicinas. Ella lo examinó, nos llamó a Marita y a mí para que nos alejémonos de la cama y susurró:

– ¡Él se está muriendo! No puedo hacer nada.

Amancio estaba inquieto en el cama, sudado mucho y tenido esfuerzos; me llamó, tu voz era débil, y dijo con dificultades:

– ¡Lorenzo, primo, amigo! ¡Me estoy muriendo!

– ¡Por supuesto que no! – Respondí –. Tú eres fuerte y pronto estarás bien.

– No es necesario mentir. ¡La serpiente era venenosa! Me preocupo por Marita y los niños. Cuídalos, Lorenzo. ¡Por favor! Solo te tenemos a ti. Cásate con Marita. Uno ayudar al otro. ¡Prométemelo!

Lo miré conmovido. ¡Qué situación tan difícil! Me miró suplicante, apretando mi mano. respondí emocionado, conteniéndome por no llorar:

– ¡Te prometo, Amancio, que me ocuparé de ellos! ¡Lo prometo!

Intenté sonreír, pero tu rostro era en dolor. Permaneció más tranquilo. Marita se quedó a su lado, desesperada. después de lenta agonía, con la curandera negra cuidándolo, Amancio desencarnó. Era muy triste, los niños llorado y Marita intentado consolarlos.

Lo enterramos con los esclavos en el cementerio de la finca, era la costumbre en algunas plantaciones, enterrar a los sirvientes y esclavos al lado o respaldos de capilla; solo los señores iban a la ciudad a ser enterrados en depósitos. En otros, todos los muertos fueron llevados al cementerio de los la ciudad más cercana. Marita estaba preocupada.

– Lorenzo, creo que el jefe querrá la casa para que otro empleado la ocupe. Si al menos pudiese trabajar en el lugar en Amancio...

– Marita, no te preocupes, vamos a pensar en una solución.

– ¿Será que el dinero que tengo alcanzaría para enviar a los niños de regreso a España?

– ¿Y hacer qué allí? – Le pregunté –. ¿Vivir de la caridad de los parientes, tan pobres como nosotros? Se quedarán, te ayudaré. Juntos encontraremos una manera de resolver eso. El dinero que recibo alcanzará para mantenernos.

Quince días después de la muerte de Amancio, otro empleado de la hacienda trató de entrar a la casa de Marita durante la noche. Los niños se aterrorizaron. Tenía que tomar una decisión en cualquier momento. El dueño le pediría que se mudara. Yo estaba en casa pensativo y los niños me rodeaban.

– Papi – dijo José María –, ¿estás pensando en nuestros primos?

– Sí, hijo, lo estoy – respondí.

– ¿Por qué no te casas con Marita? – Preguntó María Inmaculada –. ¿No lo prometiste a Amancio?

– Le prometí cuidarlos. Pero antes les prometí a ustedes que no les daría una madrastra.

– Pues – dijo María Inmaculada, sonriendo – , Marita no será madrastra, nos gusta mucho, ella será como mamá.

– Padre – dijo José María –, María Inmaculada tiene razón. Tú nos lo prometiste, pero queremos librarte de esa promesa. Todos queremos que te cases con ella.

Fui hablar con Marita en eso día mismo.

– Marita, estoy preocupado con usted.

– Lorenzo, no quiero que te sientas obligado. Amancio se estaba muriendo cuando te hizo prometer, pero no quiero que nada sea un sacrificio por ti. He pensado mucho, y quizás me mude a la ciudad.

– Marita, te deseo lo mejor a ti y a tus hijos, que se sienten como si fueran míos. No voy a dejar que te aventures sola con los niños. Me mudo aquí. Viviremos juntos, dormiremos en habitaciones separadas.

– Gracias, Lorenzo, no quiero casarme de nuevo. Acepto tu ayuda.

– Nos ayudaremos mutuamente, Marita. Tú, siempre me ayudaste mucho. Hablé con el jefe pidiendo permiso para mudarme, se sentía aliviado.

– Estás haciendo lo correcto, Lorenzo, no sabía qué hacer con la viuda. ¡Cásate y que sean felices!

Nos mudamos al día siguiente, a los niños les encantó y se acomodaron de la mejor manera posible. El dueño me permitió agrandar la casa y construimos otras habitaciones. Los niños se llevaban bien, peleaban a veces, pero eran felices juntos. Los chicos mayores me ayudaron y las chicas colaboraron con Marita.

Después de seis meses, Marita y yo hablamos y decidimos vivir como marido y mujer. Yo no amaba a Marita, pero la quería bien y nos complementábamos mucho. Ella tampoco me amaba, pero me trataba con amabilidad. Pero un lazo muy fuerte nos unía, el amor de los niños. Y nunca fueron mis hijos o sus hijos, siempre fueron nuestros hijos.

Tuvimos una hija y Marita estaba embarazada nuevamente cuando pasó un incidente.

Iba al campo cuando vi correr a un negro y al señor de los hacienda vecina siguiéndolo a caballo. El negro, cansado, se detuvo inclinándose en una gran piedra, el hacendado se bajó del caballo y lo enfrentó:

– ¡Ahora, negro asqueroso, te daré la lección que te mereces!

Caminó cerca del esclavo con a látigo en la mano. El negro le dio un gran golpe, un golpe de capoeira que le arrancó el látigo de las manos del hacendado, que se cayó. El esclavo tomó de la cintura un cuchillo y desafiando dijo:

– ¡Ven a darme una lección ahora, blanco animal!

El hacendado se asustó, no tenido cómo correr e intentando hablar:

– ¡Tiago, mira lo que haces! Si me matas o me hieres será peor para ti.

– ¿Esta con miedo?

Desmonté del caballo y me acerqué en silencio, y, cuando el negro iba a atacar al hacendado, interferí, mi intención era solo desarmarlo, pero el esclavo y yo forcejeamos, rodando por el suelo. No estaba armado, pero no me intimidé, traté que no me golpeara. Pero el negro era fuerte y recibí algunos golpes que me aturdieron. El esclavo me iba a matar; con la intención de defenderme y queriendo sobrevivir, me esforcé para sujetar su brazo para que el cuchillo no me golpeara. Terminé empujándolo y él cayó encima de su arma, hiriéndolo mortalmente en el abdomen. Me levanté y lo miré sobresaltado, temblando, sangraba, ya respiraba con dificultad. Escuché el trote de un caballo, luego recordé al hacendado y lo miré. Él, tan pronto yo había interferido, montado en su caballo y se alejara. Viendo que el esclavo estaba herido, volvió yo dije con miedo:

– No quise matarlo, fue un accidente. ¿Iré preso?

Él se rio.

– ¿Arrestado por matar a un negro? De ninguna manera. Me salvaste la vida. Fui imprudente al perseguir a este fugitivo solo. No sabía que estaba armado con un cuchillo. Me hiciste un favor. Deja al negro allí, mandaré a buscar el cadáver y, en cuanto a usted, recibir esto. ¡Sé ser agradecido!

Sacó una gran cantidad de dinero de su cartera y me la dio. Se fue de allí dejando al negro moribundo. Corrí tratando de ayudarlo.

– ¡Perdóname! ¡Perdóname! – Le dije.

Él me miró, estaba sangrado mucho y dijo con dificultad:

– ¡Tú luchaste del lado incorrecto! Yo iba a matarte. Olvídalo...

Murió en mis brazos. Untado con su sangre y mis heridas, volví casa y lloré mucho. Nunca pensé que podría matar a alguien. Marita hizo los vendajes y me consoló:

– Hiciste bien. Fuiste a defender al que creías indefenso. Peleaste con él, lo que cuenta es la intención y no querías matarlo, solo desarmarlo. Él cayó encima de su propia arma.

Mi patrón habló conmigo.

– Este vecino y yo hemos tenido muchos desacuerdos, pero me mandó agradecer por haber sido salvado por un empleado mío. Me gustó, su enemistad no me interesa. Durante días andaba angustiado, Traté de no pensar en ello, pero las escenas me vinieron a la mente. A menudo se despertaba asustado, soñaba con lo que había sucedido. Hice lo posible para deshacerme del remordimiento, lo conseguí, pero mientras estuve encarnado, recordaba este hecho con tristeza. El esclavo no odiaba y ni siquiera me encontró culpable. Me perdonó. Pero sufrí por estar involucrado en eso incidente que resultó en la muerte física de un ser humano.

Marita tuvo a nuestro hijo días después, y le puse el nombre del esclavo muerto, Abelino.

Hubo comentarios en los primeros días, luego ya no se habló más del tema, pensé que todo estaba olvidado y que la rutina había vuelto. Luego recibí la visita, un capataz de la finca vecina, del señor al que había salvado de la ira del esclavo, él vino hablar conmigo.

– Mi jefe me envió aquí para invitarte a trabajar para él. Tú con la familia vivirán en una casa más cómoda y tendrás un mejor salario.

Sentí una punzada en mi corazón. Todo el mundo por allí sabía la fama de este agricultor. Era arrogante, autoritario y mezquino, castigaba de una manera cruel con sus esclavos y no tenía respeto por las mujeres hermosas. No podía aceptar e intenté rehusar cortésmente.

– Muchas gracias por la invitación, pero no puedo aceptar. Les pido perdón, por favor dígale a su señor que aquí estamos acostumbrados y no queremos cambiar.

– Al patrón no le va a gustar el rechazo...

El capataz se fue y nosotros, Marita y yo, estábamos aprensivos. Y no le gustó mucho. Al otro día mi patrón me vino a buscar.

– Lorenzo, mi vecino me exigió que te despidiera. Dijo que recibió un rechazo tuyo. No quiero peleas, he hecho todo lo posible para evitar desacuerdos con él. Ayer en la noche él exigió que te despidiera. No creo que sea justo, pero voy a tener que despedirte.

Pero te daré una buena cantidad de dinero. Y si quieres un trabajo, él te lo dará. Tú le agradas.

– Qué manera tan extraña de querer, de estar agradecido – respondí –. Me gusta aquí y no quería cambiar, por eso no acepté su propuesta, no quería hacerlo, no quise hacerle ninguna ofensa. Simplemente no quiero trabajar para él, me voy de este lugar.

– Resuelve como mejor te parezca. No tienes que cambiar de inmediato, hazlo cuando puedas.

Me fui a casa y le conté a Marita.

– Tenemos un buen dinero – dijo ella animándome.

– Vamos a la ciudad, a Río de Janeiro. Ahí podemos poner a los chicos a estudiar.

– ¡Tienes razón! Probemos la vida en otro lugar. Iré a Rio y tú y los niños quédense aquí. Veré un lugar para establecernos y volveré por ustedes.

Al día siguiente me fui a caballo que me prestó el hacendado, además me prestaría los vagones para la mudanza.

La ciudad de Río de Janeiro me fascinó, era hermosa, con gente alegre. Me quedé en la Posada de la Portuguesa, en el mismo lugar en que nos quedamos años antes. Estaba listo para buscar algo que pudiera hacer al otro día, pero ese mismo día lo encontré allí.

Esta portuguesa ya estaba cansada y se consideraba vieja para tanto trabajo, tenido solamente a hijo, sus otros dos habían fallecido. Su hijo partía para la provincia de Minas Gerais y quería llevársela con él. Ella estaba en duda, si se iba, tendría que vender la posada. Yo pensé que sería bueno tener la posada. Hablé con su hijo:

– Me gustaría comprar la posada e instalarme aquí con mi familia. Pero no tengo todo el dinero para comprarla.

Hablamos durante horas y terminamos haciendo un trato. Le daría un monto, que era tres cuartas partes de mi dinero, y después de un año y tres meses vendría a Río y yo le pagaría el restante.

Fue un buen negocio para ambas partes. Regresé feliz justo al día siguiente para buscar a mi familia.

Alegres, comenzamos a prepararnos para el viaje.

Nuestra familia era numerosa y nuestro hijos se llevaban bien. Los mayores de Marita me llamaban por mi nombre, como José María y Joaquim llamaron a mi esposa de Marita, la menores nos llamaban de papá y mamá. La segunda hija de Marita, Leonor, era una niña muy buena, ella y José María se llevaban muy bien, ellos andaban siempre juntos. En este tiempo él tenía 15 y ella 13 años.

Estábamos eufóricos todos ayudado, hablando al mismo hora. Fue del agrado de todos la mudanza para Río de Janeiro. Ya nos habíamos despedido de todos los amigos, faltaban los últimos preparativos, cuando Leonor pidió a Marita:

– Mamá, ¿puedo bajar al arroyo? Volveré pronto, solo me despediré de mi lugar favorito.

– Ir, pero regresa rápido – dijo Marita –. Nos iremos pronto.

Ella salió corriendo. El arroyo estaba cerca, un lugar hermoso, con aguas claras y poco profundo y con un montón de piedras En niños apreciado mucho en jugar allí.

Leonor tardó un rato y ya estábamos listos para partir. José María fue tras ella. Algunos minutos pasaron y él volvió dando gritos.

– ¡Papá! ¡Leonor está caída y tiene sangre en la cabeza! ¡Ayuda!

Corrí desesperado y la encontré muerta. Leonor resbaló, se golpeó la cabeza y desencarnó. ¡Qué tristes estábamos! Lloramos desolados. La velamos en la habitación vacía. Saqué de los vagones solo lo necesario. Su entierro fue al día siguiente, temprano, junto a Amancio. Fue doloroso cubrirla con tierra, ella parecía estar durmiendo, su rostro estaba tranquilo, estaba hermosa como siempre.

La enterramos y nos fuimos.

No fue un viaje alegre como habíamos soñado. Marita estaba deprimida, se esforzaba por superar, mi compañera era fuerte, tantos sufrimientos y se mantuvo tranquila, al conocerla sabía que sufría mucho. Ella abrazó al bebé, María Inmaculada se hizo cargo del otro pequeño. Nunca olvidaríamos a Leonor, ella era alegre, amable, cautivaba a todos. No me di cuenta que José María sufría demasiado, más que cualquiera de nosotros. No nos dimos cuenta, tal vez porque él, no queriendo aumentar nuestro sufrimiento, se encerró en sí mismo y buscó, como siempre, ser útil a los hermanos menores de edad

Al pasamos a través de portón da hacienda, María Inmaculado dijo tristemente:

– ¿Cuántas pérdidas hemos tenido en el corto espacio de tiempo desde que salimos del España a estas nuevas tierras. Por favor Dios no tengamos más ninguna y que podamos ser felices en Río de Janeiro. ¡Adiós, Leonor!

José, hijo en Marita, Preguntó inocentemente:

– María Inmaculada, ¿Leonor escuchó tu despedida?

– No sé, eso espero, pero quiero que ella esté en el cielo con mamá y su papá.

– ¡También quiero ir al cielo! – dijo José. Marita interfirió:

– ¡Nos vamos a Río de Janeiro! Hablemos del mar, de las playas. Hablemos de cosas alegres.

Comenzamos a hablar sin entusiasmo, pero el tema terminó pronto. Hicimos el viaje en silencio. Pero teníamos esperanzas. Decidí dejarlo ahí los malos recuerdos Quería olvidar la muerte de ese esclavo, el incidente desagradable y todo que nos hirió.

Hice todo lo posible para tratar de complacer a los niños. A última hora de la tarde estábamos en Río de Janeiro.

LA POSADA

Nos acostumbramos al trabajo pesado, no lo encontramos extraño.

– ¡Cómo está sucio! – exclamó Marita –. Todo aquí necesita una buena limpieza.

Y eso fue lo que hicimos, lo limpiamos, lo arreglamos y a las dos semanas el posada parecía otra. Era un casa grande con muchos dormitorios, la cocina era enorme. Había macizos de flores a ambos lados del frente de la casa donde plantamos flores, el patio trasero también era grande e hicimos una huerta en la que plantamos varios tipos de hortalizas. Justo a la entrada de la casa estaba el mostrador y el comedor, con muchas mesas y sillas. Había muchos ventanales grandes y la casa estaba bien ventilada y fresca. Emocionados, hicimos muchos planes. Compartimos el trabajo, cada uno de nosotros tenía una tarea para hacer. Pero nosotros sentíamos la falta de Leonor y hablábamos de ella.

– Si Leonor estuviera aquí – dijo uno de nosotros – limpiaría todo esto sola.

– ¡A Leonor le gustaría esto! – Dijo a otro.

– ¡Dejen a Leonor en paz! – Exclamó, Laurita a gritos.

Nos asustamos, dejé lo que estaba haciendo y me acerqué a ella. Laurita estaba inmóvil, con la mirada perdida.

– ¿Por qué dices eso hijita? – Pregunté –. ¿Por qué hablas tan fuerte?

– ¡Para que todos sepan que Leonor quiere estar en paz donde está! Ella no quiere que la llamemos. ¿No entienden que es doloroso para ella saber que la extrañamos? Leonor está allí y ahí debe quedarse.

– ¿Dónde está? – Preguntó José María afligido –. ¿Dónde está Leonor?

– En el lugar donde debe estar – respondió Laurita y comenzó a llorar. Marita la abrazó y dijo, ponderada cómo siempre:

– Laura tiene razón. Todos nosotros, desde que nacimos, moriremos algún día. ¡Es la vida! Dios ha querido llevarse a Leonor, debemos conformarnos y entender que ella ya no está más con nosotros. Cálmate, Laurita, hijita, ¡cálmate! Volvamos al trabajo y olvidemos a Leonor.

Seguimos trabajando y Laurita volvió a la normalidad, como si nada hubiese sucedido. Intentamos no hablar más de Leonor, pero nunca la olvidamos. El tiempo se encargó de hacernos entender que ya no estaba físicamente con nosotros, pero que el amor que sentíamos por ella continuaba siempre vivo y fuerte en nosotros.

Marita cocinaba muy bien y pronto la gente empezó a buscarnos para que servir las comidas, incluso sin estar alojados. Pasamos a servir, además de vender bebidas. Funcionó. Trabajamos mucho, pero éramos felices. Cuatro meses después el empleado renunció, no quería trabajar más, se fue a vivir con su hija. Lo extrañamos, pero entendimos, ya era anciano y estaba cansado.

Como nuestros patrocinadores eran en su mayoría hombres, los niños y yo atendíamos a los clientes y Marita y las niñas se quedaban adentro da casa, para evitar que alguien se metiese con ellas.

Pasaron los meses, extrañamos a Leonor, pero desde ese día que Laurita gritó extrañamente, buscamos no hablar mucho de ella.

Como el negocio iba bien, contraté a un profesor para que enseñara a mis hijos. Venía a nuestra casa tres veces a la semana por la mañana. Enseñaba a los pequeños y por la tarde a los grandes. Quería a todos, niños y niñas, sabía leer y escribir. Todos nuestros hijos fueron estudiando. Era un gasto extra, pero Marita y yo no nos quejábamos, trabajábamos mucho más felices y ellos correspondían, aprendían con gusto y estudiaron bastante.

Empecé a ahorrar dinero para pagar el resto que le debía al ex dueño, quería tener todo el dinero cuando el vendría a buscarlo. Un día Marita fue al mercado y volvió acompañada de una negrita que estaba con la cabeza gacha, y tenía un paquete de ropa en las manos.

– Lorenzo – él dijo Marita –, quiero hablar contigo.

Salí del mostrador y seguí a Marita a nuestras habitaciones, y mi esposa, avergonzada, retorcía las manos, no sabía cómo comenzar.

– ¡Dime Marita! – Le dije –. ¿Qué me quieres decir? ¿Quién es esta jovencita? ¿Es esclava?

– Ella se llama Benedicta...

– ¿Quién es esta Benedicta? Por favor, dime – insistí.

– ¡Es una esclava que compré en el mercado!

– ¡¿Qué compraste?! – Dije asombrado –. ¿Con qué dinero?

– Con lo que guardábamos. ¡Lorenzo, por favor, no te enfades! Sé que no te gusta la esclavitud y no es nuestro plan tener esclavos, pero... es que vi en el mercado a esta chica, estaba tan solita, es tan joven, tiene la edad de nuestros hijos. Ella me conmovió. Imaginé por un momento que yo era su madre y que a ella le gustaría que alguien bueno la comprara y la cuidara. Mientras la miraba, un señor indecente la estaba examinando, como si estuviese examinando una mercadería. Me sentí horrorizada por la mirada de codicia, ella lloró de miedo. No pude resistirme y la compré. Ahora voy tomar el dinero y pagarle al comerciante. Lo siento por tu dinero...

Yo pensé por momentos no podría tener una mejor compañera. Marita era muy bondadosa, nunca se quejaba, siempre estaba a mi lado, hacía todo para agradarme. Era ahorradora, nunca exigía nada. Entendí sus sentimientos hacia la chica. Sería difícil reunir el dinero en el plazo establecido, pero nos las arreglaríamos. Ella esperaba mi respuesta retorciendo las manos.

Marita, el dinero no es solamente mío, es nuestro. Tendremos que arreglárnoslas...

– Lorenzo, ¿no estás enojado conmigo? ¡Qué bien! Me abrazó, nos abrazamos

– ¡Marita, eres la mejor persona del mundo! – Dije sinceramente. Benedicta pasó a formar parte de la familia. Estuvo bien, empezó a ayudar mucho a Marita.

A los dos meses recibí una carta, estaba feliz, llamé a gritos a Marita:

– ¡Marita, mira qué bien! El hijo de la portuguesa me escribió diciendo que pospondrá su viaje por aquí.

– Por Dios, Lorenzo – dijo alegremente –, tendremos tiempo de reunir el dinero y hasta en gastarlo...

Marita se detuvo y me miró, comenzó a retorcerse las manos. La miré sospechosamente, cuando se retorcía las manos, algo sucedía. Nos miramos en silencio, hasta que ella se armó de valor y dijo apresurada:

– Tú y los chicos están trabajando duro. Creo que deberíamos comprar un esclavo por ayudarles. Sé que no quieres tener esclavos, pero es que...

– ¡Marita, explícate mejor! Realmente no quiero tener esclavos cuando podemos, contratar un empleado.

– Sabes, Lorenzo, Benedicta es tan simpática. Su madre murió cuando ella nació. Fue criada por otra esclava de su dueña. Cuando su dueña murió, el hijo tomó todos los esclavos para venderlos en el mercado. Benedicta ella tenía un novio, un gran amor, y fue separada de él. Él es Bidu, ahora vive no muy lejos de aquí. Lo sentimos mucho por ella. Ya pensamos mucho y no encontramos otra forma de solucionar la situación, porque sabíamos que teníamos que pagarle al propietario anterior. Pobrecita, siempre llora de nostalgia...

Algunos de nuestros hijos se me acercaron con curiosidad cuando les grité carta en mano, estaban en silencio, escuchando nuestra conversación. Marita se quedó en silencio y yo los miré. Para mí, ningún hijo tuvo un problema o nos dio preocupaciones. Comprendí, en ese momento, que cuando tenían alguna dificultad era Marita quien lo resolvía y yo ni me enteraba. Esto para evitar que me enterase. Sonreí y los dejé asustados. Hablé conmovido:

– ¡Los amo! ¡Ay, cómo los amo! ¡Ustedes son maravillosos! ¡Vamos a comprar a Bidu!

– ¡Bravo! – Exclamaron los niños.

– Papi – dijo José María –, prometo trabajar más...

– No – respondí –, si vamos a comprar un esclavo, será el empleado que nos ayudará para que ustedes, hijos míos, puedan trabajar menos. Y ahí va nuestro dinero, si Dios nos ayudó, volverá a ayudar, podremos reunirlo en nuevo antes de la hijo portuguesa regrese.

– ¡Gracias, Lorenzo! – exclamó Marita con lágrimas nosotros ojos. Conociendo todos los detalles, fui a buscar al dueño de este Bidu, para Cómpralo.

Gasté más de lo que esperaba. El dueño, al verme interesado, no rebatió, pero regresé a la casa con Bidu. Él era un negro guapo, de sonrisa abierta, me examinó subrepticiamente con miedo en sus ojos. No lo quise amarrar y le pedí que me acompañara. No se atrevió a preguntar nada, me siguió cabizbajo, me conmoví y le expliqué:

– Bidu, te compré para satisfacer a mi esposa, que tiene una esclava que dice amarte mucho. Tengo una posada y tú trabajarás con nosotros.

Espero no me arrepentirme de haberte comprado.

– No se arrepentirá señor, sé trabajar bien y aprendo rápido. Una esclava... ¿Quién es ella?

– ¡Benedicta!

– ¿Benedicta? – Preguntó considerado.

No parecía recordar. Pensé: "¿Qué pasión es esta?" Llegué a la conclusión que solo ella lo amaba.

– Benedicta – dije –, la huérfana que vivía contigo en casa de la señora del terrazo.

– Oh, ¡sí! ¡Por supuesto!

Él sonrió relajado, pero luego se puso serio de nuevo. Qué horror, Pensé, qué malo debe ser un esclavo. Para ser vendido, pasado de un dueño a otro, sin al menos ser consultado si desea ir o no, vivir en otro lugar, sin conocerme, sin saber si yo era bueno o malo o lo que él haría de ahora en adelante. El pobre debe haber estado ansioso y temeroso. ¿Sería peor o mejor que el viejo dueño? Tuve pena, le di una palmadita en el espalda y sonreí.

– Te va a gustar la posada.

Él sonrió y su mirada se alegró, confiado

Al llegar a casa, todos esperábamos curiosos.

– ¡Benedicta!

– ¡Bidu!

Corrieron a los brazos del otro. Pensé: "¡Este Bidu es muy travieso!" Estaba feliz que todos estuvieran felices. Marita preparó la habitación de ellos como si estuvieran casados. No me arrepiento, Bidu era cautivador, inteligente, trabajador, siempre estaba feliz y sonriente, atendía bien a los clientes. Para nuestro deleite, el propietario anterior volvió a retrasarse y logramos juntar bien el dinero la víspera de su llegada. Él se explicó, justificando su demora:

– Señor Lorenzo, estaba de viaje y mi madre se enfermó. Luego, cuando todo volvió a estar en orden, fue mi esposa quien se enfermó.

– Su dinero está aquí – dije felizmente –. Prosperamos, reformamos la casa, hicimos más habitaciones, la posada está siempre limpia y agradable. Es realmente hermosa y está siempre llena en huéspedes. Ahora nuestro hijos, están bien vestidos y no les faltaba nada. Estudian con gusto, los muchachos están en una escuela pagada y el maestro sigue enseñando a las niñas. Benedicta está embarazada y Marita hizo todo el ajuar, parecía que era un nieto que iba a nacer. Todos esperaban que naciera el bebé. cuando Benedicta entró en labor de parto, llamaron a una partera, pero solo hubo complicaciones, el niño no nacía. Estábamos preocupados y fui a buscar un médico. Él vino, pero al ver que iba a atender a una esclava, se quejó:

– ¡Usted no me dijo que iba a atender a una negra!

– Para mí los seres humanos son todos es iguales, ¿usted no piensa así? – Le pregunté.

Él no respondió, pero hizo todo lo posible para ayudar a Benedicta, pero ella murió y el bebé, un niño, sobrevivió.

Fue una lloradera. Los niños la apreciaban mucho. Bidu permaneció desolado.

– ¿Qué hago ahora con el bebé, señor Lorenzo?

– Vamos a criarlo – Respondí.

– ¿Vamos? – Dijo contento –. ¿Yo puedo quedarme con él?

– ¡Por supuesto! Imagínate si Marita va a querer deshacerse de este niño.

– ¡Juro por Dios que no tendré más hijos! – Exclamó Bidu –. Es el primero y el último. Nunca más me caso.

Al bebé lo llamamos Marco, Marquitos y Marita lo crio como a un hijo. Realmente no quería tener esclavos, así que le di libertad a Marquitos y Bidu. Nos reunimos en la sala y llamé Bidu.

– Bidu – dije alegremente – decidimos no tener esclavos, así que aquí está, tu carta de manumisión y la de Marquitos. ¡Son libres!

Pensamos que Bidu iba a saltar y gritar de alegría, pero cuando comencé habla, pensó que los íbamos a vender, se asustó, luego suspiró aliviado, permaneció todavía por momentos y él dijo solitario:

– ¿Ustedes ya no me quieren más? ¿Qué hago con Marquitos? ¿Tendremos que irnos?

Solté una carcajada.

– ¡Claro que no, Bidu! Intenta quitarnos a Marquitos o llevártelo de aquí y Marita te mata. Ahora eres libre, pero te queremos aquí. ¡Te quiero como empleado!

– ¿En serio? ¡Yupiii!

Saltó en contento, luego nosotros agradeció llorando de alegría:

– Gracias patrón, gracias patrona y patroncitos. Seré el mejor empleado del mundo.

Y fue.

Para no sobrecargar a Marita, contraté a una pareja de mediana edad para ayudarla. Marquitos crecía fuerte e inteligente.

– Lorenzo – dijo Marita, llamándome para una conversación a solas –. Retorcía las manos –. Tener algo que decirte...

– Dilo, Marita – dije preocupado –, sea lo que sea, dímelo pronto.

– Es que estoy embarazada – dijo avergonzada –. ¡Embarazada! ¡Qué bien! ¿Por qué la vergüenza?

– Es que ya tenemos hijos jóvenes...

– Bueno, Marita, estamos casados y no veo por qué la vergüenza.

– Temí molestarte.

La miré con cariño, siempre estaba pensando en mí. La abracé.

– ¿Hiciste a los niños tú sola? – Pregunté.

Nos reímos. Fue una fiesta y Dios nos dio otra niña, a quien le dimos el nombre de Dolores.

OTRA MUDANZA

Nosotros prosperamos. Todos estábamos felices de vivir en Río de Janeiro y trabajar en algo propio. Marita resolvió todos los problemas de nuestra niños, la única vez que me hizo saber de uno fue sobre mi hija Laurita.

– Lorenzo – dijo – ¡Laurita es diferente! ¡No sé qué tiene! Ya pedí la bendición para ella en el convento, pero no ayudó. Ella ve gente muerta, les habla. ¡La niña sufre! ¡Tiene miedo! ¿Recuerdas esa vez, cuando ella gritó pidiendo por no llamáramos a Leonor?

– Recuerdo bien, lo encontramos muy extraño. Pero fue solamente aquella vez, ¿no?

– Siempre ha sucedido. Te digo esto porque he estado en el convento y allí dijeron los frailes que, para librarla de esto, necesita misas y bendiciones especiales que cuestan caro.

– Paga el dinero que necesites, Marita, libera a nuestra hija de estos rarezas

Todo lo que nos pidieron se hizo, Marita pagó caro y nada; Laurita continuaba extraña.

Los niños jóvenes comenzaron a casarse, Laurita consiguió novio. No nos gustaba, era mestizo, su madre era india, era muy callado y nunca sonreía, poseía un terreno cerca de Rio. Estábamos preocupados con esta relación y con el posible matrimonio. Pensé que él debería saber lo que le pasaba a ella.

Cuándo él vino a pedir para comprometerse, lo llamé para conversar en privado y le conté todo lo que estaba pasando con Laurita. Me sorprendió, lo vi sonreír por primera vez. El respondió tranquilo:

– Señor Lorenzo, Laurita ya me ha dicho todo esto. Le puede parecer extraño lo que le pasa a ella por no entender estos hechos, pero para mí eso es natural. La quiero tal como es y ciertamente estaré disponible para ayudarla.

Suspiré aliviado.

Meses después se casaron y ella acompañó al esposo, toda feliz.

José María seguía soltero, no se interesaba por nadie y no estaba muy sorprendido cuando nos llamó para conversar. Él estaba muy contento:

– Padre, Marita, quiero informarles que entraré al convento. ¡Seré sacerdote!

No sabía si estar feliz o triste. Quería mucho a José María. A veces pensé que él era mi padre, no yo el suyo. Lo respeté, siempre fue considerado y muy amable. Sospechaba que podría terminar en un convento, le gustaba mucho ir a la iglesia, pero prefería verlo casado y criando niños. En ese momento José María enseñaba en la escuela del convento, además de dar lecciones a muchos niños pobres y seguir ayudándonos, lo íbamos a extrañar mucho, lo iba a extrañar, yo le pedía su opinión sobre todo. Marita lo abrazó, además; yo también lo hice, con lágrimas en los ojos, hablé tartamudeo:

– Espero que estés seguro de lo que estás haciendo. Recuerda esta es tu casa y siempre lo será.

– ¡Gracias, papá! – dijo José María emocionado. Hizo sus votos en Río de Janeiro y después se fue para el interior de la provincia de São Paulo. Nos entristeció su partida, aunque él estaba contento y lleno de planes. Le escribíamos siempre.

Juan Antônio, hijo de Marita, se graduó como médico. ¡Qué alegría! Parecía que hacía realidad mi sueño. Siempre quise ser médico. Desde pequeño, en España, soñaba con estudiar medicina, no lo pude hacer. Incluso como adulto y ahora ya envejeciendo, alimentaba el sueño de ser médico, de curar gente. Enfermedades y medicamentos eran asuntos que me fascinaban.

Bidu era un mujeriego. Conquistaba a las esclavas de los alrededores, pero no quería involucrarse con ninguna. Una día él me trajo un mensaje:

– ¡Lolita está enamorada de usted! Pidió para marcar un encuentro. Lolita era una mujer hermosa y la tentación fue demasiado grande, terminé yendo a conocerla. Después de la primera vez, sucedieron otras, y, como era fácil, pasaron a ser frecuentes. Luego me involucré con un bailarina de ballet, una chica joven y muy hermosa. Cuando me di cuenta, habían pasado meses desde que encontrábamos. Noté que Marita sospechaba o ya lo sabía. No quería lastimarla y nunca pensé en dejarla por ninguna mujer. Terminé el romance y comencé a ser más hogareño y prestar atención a mi esposa. Pero por muchas veces más tuve otros romances con otras mujeres.

Ahora estábamos en casa solo con nuestros cuatro hijos, los dos ya adolescentes, Marquitos, que nos llamaba papá y mamá, y Dolores, con ocho años.

Joaquim trabajaba conmigo, se casó y vivía cerca de la posada, todo estaba bajo su orden y control. La casa de huéspedes ahora era grande y hermosa y nos daba buen dinero, teníamos muchos empleados. Estaba pensando en compra otro cuando comencé a sentirme mal.

– Marita, estoy cansado, indispuesto, tengo ganas de irme a la cama.

– Bueno, adelante, Lorenzo, nosotros nos encargamos de todo. Vete a descansar. ¿Cuánto tiempo que trabajas descanso?

Ni siquiera lo sabía, solo recordaba haber dejado de trabajar en el viaje, en el barco y en el posada nunca había parado un día. Me acosté, pero no me sentí mejor, dos días después todavía estaba indispuesto. Marita y Joaquim me hicieron ir al médico, ya que Juan Antônio estaba de viaje. Él me había prescrito algunos medicamentos y descanso. Tomé las medicinas, pero no hice el descanso, no tenía paciencia. Luego sentí un dolor fuerte y me desmayé; cuando recobré los sentidos, Marita y el doctor estaban a mi lado, no podía pensar con claridad, los escuché hablar, pero no les entendí bien.

– Quedará inválido...

No podrá mover el brazo derecho...

Quizás no pueda hablar más...

Mi razonamiento fue mejorando, pero no podía moverme. Juan Antônio vino a verme, intentado animarme, pero estuvo de acuerdo con el otro médico, no había nada que hacer. La mejora que tuve días después que comencé a entender lo que me estaba pasando, escuchaba bien, entendía, solo que no podía hablar.

Mis hijos se turnaban para cuidarme y darme cariño, y Marita me cuidaba todo el tiempo.

– Tranquilo, Lorenzo – dijo cariñosamente mi mujer –, estarás bien. ¡Tendré cuidado siempre contigo!

Al verla tan delicada, me arrepentí profundamente de haberla traicionado. Quise pedir perdón, pero no conseguía expresarme. Intenté hablar y dejaba a todos afligidos, no me entendían. Joaquim pensó que dependía de él, dijo con sinceridad:

– Papá, yo me ocupo de todo, te estoy reemplazando, he estado trabajando duro y la posada está como te gusta. Prometo ayudar a Marita y educaré a mis cuatro hermanos como si fueran mis hijos. ¡no te preocupes!

Sonreí agradecido. Sabía que lo haría, podía confiar en él, Joaquim era trabajador y muy bueno. Estaba bien con eso. Los dos chicos ya eran adolescentes y la chica ya estaba comprometida. Marquitos tenía a su padre. Solamente quedaba Dolores. Para no molestarlos por no entenderme, no intenté hablar más. Marita seguramente me perdonaría o ya me había perdonado, me cuidaba con mucho afecto. Una día, estando solos nosotros dos, presioné su mano y ella sonrió.

– ¡Sabes, Lorenzo, te amo! Siempre fuiste bueno conmigo. Cuando Amancio murió dejándome viuda con niños pequeños, me desesperé y sentí mucho miedo. No podía dormir, pensando en lo que iba a hacer. No tengo temor de trabajar para apoyarlos. No quería rogar y ni prostituirme. Por ellos, era bastante capaz de hacer eso. Llegaste a auxiliarme, nos casamos y, aunque sin amor, todo salió bien. Pasamos buenos momentos...

Luché y logré lanzarle un beso, quien sonrió besándome la frente.

– Si quieres agradecerme, no tienes que hacerlo. No te cuido por obligación, hago agradeciendo los oportunidad.

Se levantó y yo la miré. Nunca encontré a Marita hermosa, pero ahora podía verla como de verdad era, porque poseía la belleza de la bondad y de la honestidad, como siempre sería. Ella me perdonó, lo sentí y me tranquilicé. Me puse a pensar en Marita: para ella no fue fácil, viuda, lejos de los miembros de la familia, solo pudiendo contar conmigo, me aceptó como esposo por los hijos. Quizá solo amaba a Amancio. Las circunstancias nos unieron y siempre ha sido una excelente esposa y madre. Ella debe haber sufrido mucho, pero nunca se quejó. Era maravillosa mi compañera de vida.

Estuve enfermo durante cuatro meses, hasta que una crisis me hizo desencarnar. Sentí que me desmayaba y volvía lentamente, sin entender lo que estaba pasando. Yo estaba en la habitación, vi, confundido, mi cuerpo inmóvil tendido en el cama, vestido con mis mejores ropas, y yo con mi camisón, estaba cerca de él. Pero el que sentía, pensaba, era yo, el que estaba acostado era otro, parecía una marioneta.

Escuché llorar a mis hijos, que dijeron:

– Papi se murió...

– Era tan joven aun...

– Tenía muchas esperanzas que se curase...

¡Qué terrible perturbación! Quería reafirmar el pensamiento y entender lo que me estaba pasando y no podía. Se llevaron la marioneta, mi otro yo, mi cuerpo físico, y se lo llevaron. Estaba solo y me sentí aliviado. No sé cómo, pero logré meterme en la cama y dormir. Me desperté aterrorizado. ¿Qué me había pasado? ¿Estaría muerto? No pensé, morir no era así. No estaba siendo juzgado y tampoco había visto a Dios ni al demonio. Debería haber estado aun más enfermo, ese tal derrame me había hecho perder la razón. Debía estar loco. Estaba desesperado y sufría mucho.

Estaba perturbado, pero podía ver que los días pasaban. Veía a Marita triste, vestida de negro en el dormitorio sin siquiera verme, rezaba, se acostaba y durmió en su esquina, como siempre.

Es difícil hablar de lo que sentí, tal era mi desesperación. Fui ignorado. No entendía el por qué ellos procedían así, si antes eran todos atentos y cariñosos y de repente empezaron a actuar como si yo no existiera. Me sentí solo, la soledad me dolió, estaba profundamente triste y lloraba hasta el agotamiento.

Un día sentí que estaba más cansado que de costumbre, quise orar y lo hice. Durante mi existencia encarnada rezaba poco, a veces iba a misa, adoraba a Dios, era temeroso, pero no era fervoroso. En el barco empecé a leer la Biblia, hábito que nunca abandoné. Pero encontraba la religión católica un poco diferente de lo que leía, pero eso se quedó conmigo, no decía nada a nadie. Ojalá hubiera sido protestante, pero no lo fui porque no tenía coraje en cambiar y en ser minoría, quizás hasta por autocomplacencia.

La oración me calmó y, recordando los pasajes favoritos que leí en el Evangelio, me sentí mejor. Entonces vi una figura que pensé que era Leonor y la escuché.

– Lorenzo, tenías tu cuerpo de carne muerto. Ahora debes aprender a vivir en espíritu. ¡Quiero ayudarte!

– ¡¿Muerto yo?! – Pensé hablando con ella –. ¡Nunca! ¡Estoy vivo, me siento vivo!

– Es que el cuerpo muere, somos eternos – dijo Leonor con ternura, tratando de explicarme.

– ¡Te tengo miedo! ¡Déjame en paz! ¡Has estado muerta por años!

Estas frases las repetí muchas veces en mi mente, porque pensando que estaba encarnado y enfermo, no hablaba. Cerré los ojos y cuando los abrí la figura se había ido y yo estaba tenso y perturbado. Y todo siguió igual. De alguna manera, estaba triste, profundamente amargado por la situación, y si a veces llegaban a mi mente dichos de Leonor, repelía estos pensamientos con miedo. No quería estar muerto y ciertamente, pensaba que no estaba.

Era Navidad, lo supe por escuchar a Marita decirlo, ella estaba más feliz, la familia se reunía y hasta José María venía. Marita estaba en nuestro cuarto si poner en orden, Cuándo las niñas entraron – nuestras hijas estaban todas adultas, pero para mí todavía ellas eran unas niñas – y comencé a llorar suavemente, fascinado y nostálgico.

– A veces me parece ver a tu padre sentado en ese sillón – dijo Marita –. Siento mucha su falta...

– Pues yo lo veo en el sillón – dijo Laurita naturalmente.

Ellos se asustaron, yo me asusté, solo estaba sentado en el sillón. No salí de la habitación, pero sin entender cómo, pasé de la cama al sillón, a veces hasta la ventana y con facilidad volvía al sillón.

– Laurita – preguntó asustada Marita –, ¿sigues con tu rarezas? ¿Ves a Lorenzo?

– No, estoy bien – dijo Laurita apresuradamente –, lo que quiero decir es que yo también siento lo mismo que tú. Lo imaginé sentado en el sillón, como lo hacía en el período en que estuvo enfermo. Ya no tengo esas rarezas, estoy bien.

Suspiraron aliviados y se fueron. Marita estaba sola cuando José María llamó a la puerta y entró. Me emocioné cuando lo vi. Llevaba sotana, abrazó a Marita, sonriente, lo sentí contento.

– Marita, es una pena que no pude ver a papá enfermo, pero quiero agradecerte por haberlo cuidado con tanto cariño.

– José Maria, cuidé a Lorenzo y lo cuidaría mientras se quedara enfermo. Era mi deber de esposa, pero no lo hice por deber, deseo lo mejor él. Tu padre y yo estuvimos juntos mucho tiempo, no era una unión para amor, fue a través de las circunstancias que nos unimos y nos esforzamos para hacer lo correcto. ¡Éramos amigos! Nos ayudamos mucho el uno al otro.

– Sin embargo, él te traicionó...

– Sus traiciones no me dolieron, lo perdoné. Solo le guardo buenas recuerdos, él me ayudó mucho y le estoy muy agradecida.

Lloré de la emoción, una de las hijas llamó a Marita, que salió de la habitación, y José María permaneció solo conmigo. Él se puso a rezar:

– ¡Papi, que Dios te bendiga! Que los Ángeles del Señor, que son las almas buenas que vivieron en la Tierra puedan ayudarte. ¡Permite esta ayuda, por favor! ¡No seas orgulloso! ¡Todo cambia! ¡Hiciste el cambio más grande de su vida, adáptate a él!

Salió de la habitación, y yo vi a Amancio a mi lado.

– Lorenzo, entiende que tu cuerpo ha muerto – me dijo cariñosamente sonriendo –, tratando de no asustarme más de lo que ya estaba al verlo allí a mi lado.

No hablaba, solo pensaba, porque pensaba que no podía balbucear y ni me esforzaba, pero, como Leonor, Amancio me entendió. Le dije, o quise decir:

– Amancio, llevas tanto tiempo muerto. No viniste a pedirme nada, ¿verdad? Cumplí la promesa.

– ¿Por qué crees que vine a cobrar? ¡Vengo a ayudarte! Fuiste muy amable, estoy profundamente agradecido. Criaste a mis hijos como si fueran tuyos. Pero ahora debes venir conmigo.

– ¿Para dónde? – Pregunté.

– A un lugar bueno y hermoso; ven, no tengas miedo. Siempre fuimos amigos.

– Está bien, iré.

Tenía miedo, pero me hice el valiente, sonreí, pensando en cómo Amancio me iba a llevar, yo no caminaba. Pero me tomó como si fuera una criaturita y sentí que se levantó del suelo conmigo en sus brazos. Grité aterrorizado:

– ¡El techo, Amancio!

Pero atravesamos el techo, lo abracé fuerte. y cerré mis ojos, solo los abrí cuando sentí que Amancio caminaba otra vez. Miré todo, curioso.

Yo pensé indignado:

– "¿Dónde estamos? ¿Qué lugar es este?"

– ¿Por qué no hablas, Lorenzo? – Dijo Amancio, mirándome, sonriendo. en silencio.

– No puedo – dije –. ¡¿No puedo?! ¡Pero si estoy hablando!

Amancio me dejó en una cama, me explicó que estaba en un lugar llamado hospital, en una sala, y que allí me recuperaría de los reflejos de mi enfermedad carnal.

Me tomó meses recuperarme, siempre con el cuidado y cariño de Amancio y Leonor.

– Lorenzo – me explicó Leonor –, mi padre y yo te desconectamos tu cuerpo murió, pero no pudimos ayudarte. Estabas tan apegado a la materia que no podías vernos, pero uno de nosotros siempre lo visitaba e intentábamos hacerte comprender tu estado de desencarnado.

– Pero yo no los veía. Solo te vi a ti, Leonor, una vez y tuve mucho miedo.

– Fue entonces cuando rezaste sinceramente. No nos viste por miedo y porque, estabas preso a la materia, veías como si aun estuvieses encarnado. Cuándo papá te ayudó, fue porque pudo usar la energía de Laurita y por la vibración maravillosa de José María.

– ¡Se lo agradezco a ustedes! – Exclamó Amancio, contento.

– Amancio – le pregunté curioso –, ¿dónde está Dolores, mi primera esposa, y Eva, mi hijita que murió en el barco? Me gustaría abrazarlas. ¿Será que a Dolores no le gustó que me haya casado con Marita?

Se rieron.

– Lorenzo, aprenderás muchas cosas agradables, buenas y coherentes por aquí. Dolores, como yo, bendijo tu unión con Marita y fue muy agradecida a ella por haber sido madre de sus niños. Dolores y Eva reencarnaron. Tú comprenderás que Dios es demasiado bondadoso con nosotros y siempre nos da nuevas oportunidades para superarnos. ¿Viste que tu cuerpo muerto y a pesar de eso continuaste vivo y puedes volver a vivir en otro cuerpo en formación en el vientre de una mujer, para ser otra persona y volver a vivir en la materia, eso se llama reencarnación. Dolores volvió a España y allí reencarnó, y Eva también volvió a la materia, renació como tu hija, a quien le diste el nombre de Dolores.

– ¡Eso es fantástico! – Exclamé.

Los dos se fueron y yo estaba pensando en todo lo que me habían dicho. Yo amaba a Dolores, mi primera esposa, pero la olvidé con el tiempo. La recordaba en momentos raros. Entendí: ella siguió su camino como yo seguía el mío. Estaba agradecido a ese espíritu, pero pensaba que ahora estaba más unido a Marita.

Me recuperé y fui a aprender a vivir con el cuerpo que tenía ahora, el periespíritu. Yo había hecho un cambio. ¡Y lo genial que se sentía con ese cambio!

QUERIENDO APRENDER A AMAR

Aquí todo era bonito, tranquilo; sin embargo, apreciaba mucho, mucho más la vida de encarnado. A veces lloraba de piedad por mí, de añoranza, de deseo de estar encarnado en mi casa, trabajar, tener otras mujeres, beber mi vino. y en esos momentos, un montón de veces en oraciones en José María llegó me confortar.

– Papá, ama la vida, acepta lo que te ofrecen. ¡Todo cambia! Has cambiado tu manera de vivir. Ama y todo se te hará más fácil.

Pensé, pensé mucho y llegué a la conclusión que lo que me faltaba era amor. Querido aprender a amar. Fui a hablar con mi instructor.

– Señor, quisiera amar. Quisiera aprender a amar todo y a todos. Quiero sentir el amor verdadero, sin egoísmo, sin pasión. Quisiera al reencarnar, amar y ahora vivir con amor la vida de desencarnado.

– Para amar es necesario comprender que somos parte de un todo, del universo creado por Dios. ¡Qué difícil es esto! Podemos, teniendo afinidad con otro espíritu que ama, absorber los fluidos en su aura bondadosa.

En eso contacto emerge en nosotros O amor que tanto queremos cultivar.

Te daré un ejemplo: la madera es un fuego potencial, pero no importa cuán ser la montaña de madera, no genera fuego corriente, para que este fuego actual pueda actuar es suficiente un palillo de fósforos.

Todos tenemos un tremendo potencial de amor heredado del Señor de universo, pero muchas veces necesitamos el fuego actual de otro espíritu para que nuestro potencial se realice – Después una pausa, me preguntó:

– ¿Cómo crees que aprenderás?

– No sé bien, pero, después de escucharlo, pensar que con alguien que ame.

– ¿Y conoces a alguien?

– Sí, a mi hijo José María.

– ¡El sacerdote! Sí, Yo creo que él sabe amar.

Entonces recordé el pasado... Estaba cansado, sufriendo mucho, vagando con mucho remordimiento y él vino a mi rescate. Tuve solo ese recuerdo. Sentí en ese momento que él vino a ser mi hijo para continuar ayudándome. El instructor me miró y sonrió.

– Vamos a analizar tu pedido, Lorenzo. También creo que con el padre José María vas a aprender mucho.

Días después él me vino a ver.

– Lorenzo, puedes quedarte con José Maria, puedes, en espíritu, ser su compañero de trabajo. Pero para eso hay que estudiar para aprendas bien lo que debes o no debes hacer como desencarnado que se queda junto a los encarnados.

– Ni aunque estudie por cien años seré mejor que él – Respondí.

– Yo también lo creo – dijo el instructor con calma –, porque él no deja de aprender, está siempre aprovechando las oportunidades para educarse y progresar. ¿Por qué crees que tienes que ser mejor que él?

– Siempre pensé que el protector era mejor que el protegido – dije. Él se rio y me iluminó:

– Los desencarnados que permanecen cerca de los encarnados para ayudarlos o ser sus compañeros de trabajo pueden ser vistos como guías, protectores, pero no siempre es así, la mayoría de las veces son amigos que aprender juntos. Tú, Lorenzo, serás realmente discípulo de José María. Dije "compañero" y eso es lo que serán, ya son amigos y un cariño sincero los une. ¿No pediste aprender? Creemos que con él aprenderás y juntos harán muchas cosas buenas. Lorenzo, Recordemos que también son vistos como guías y protectores los desencarnados malvados, quienes, vinculados con sus parientes, juntos hacen el mal. No creas que solo por el hecho de ser desencarnados son más eficientes y más sabios. No desprecies al encarnado, fue el desencarnado de ayer y lo será el de mañana. Aunque atrapado en el cuerpo de carne y con limitaciones, es lo que se hace ver. Y no debes acercarte a José María como un desencarnado condescendiente queriendo hacer toda la lección que le corresponde a él, debe hacer su parte y dejar que él haga lo que le corresponde para continuar creciendo y aprendiendo. Tú también, haciendo tu parte, progresarás. Y también no debes pensar que te obedecerá. José María tiene, como todos nosotros, su libre albedrío. Él recibirá tus ideas, pero tiene discernimiento para analizarlos con inteligencia y solo seguir lo que le convenga. Todos los encarnados deben actuar así, analizar todo lo que viene del desencarnado, discernir y aceptar realmente lo que le conviene a ellos y a su grupo.

Hizo una pausa y siguió elucidándome, no entendí bien lo que dijo en este momento, pero, como son las buenas enseñanzas, tiempo después, ya entonces más maduro, lo entendí.

– Lorenzo, es muy común hoy, en nuestra humanidad, confundir conocimiento intelectual con la intuición espiritual. Conocimiento intelectual es parte de nosotros, lo que ya hemos experimentado en la vida es pasado, así que es algo que se acabó. La intuición espiritual es la apertura de nuestro alma para el movimiento de la vida, que no es ni pasada ni futura, siempre es actual. Pablo de Tarso, comprendiendo esta profundidad de la unidad del individuo con el universo, dijo: *"Ya no soy yo quien vive, sino Cristo que vive en mí."* Él no estaba hablando de su intuición como hombre, pero trascendiendo la mente superficial de la vida o lo material, porque nuestras mentes, las de la mayor parte de la humanidad, están ligadas a la funciones materiales, por lo tanto son mentes materiales. Y debemos ser más que eso, debemos sentir siempre a Cristo en nosotros.

Agradecí, conmovido.

Me permitieron ir a visitar a mi familia. Leonor me acompañó. Primero me llevó con mis hijos, no tardó mucho, los vi, me tranquilicé que estaban bien, los abracé y luego nos fuimos por mi ex casa. La Posada estaba como siempre, limpia y hermosa.

Joaquim había hecho mi sueño realidad, compró otra y se fue con su familia a vivir allí. Siguieron cuidando de mi ex casa, Marita, Bidu y Marquitos. Mi hijo soltero se unió al ejército y la joven casada, Dolores, caramba, mi hija pequeña, era muy hermosa.

Los miré con cariño. Me acordé cuando compré Bidu, de hecho no me arrepentí de haberlo adquirido ni de haberle dado su libertad. Él era siempre leal y trabajador.

Marquitos estaba joven, estudiaba con el maestro en casa, solo porque no podía ir a la escuela, no lo aceptaban porque era negro. Marita estaba molesta, pero a él no le importaba, le gustaba trabajar. Lo miré, era un niño hermoso, educado y mientras yo lo observaba, fue a preguntar algo a Marita.

– Leonor – dije –, Marita tuvo tantos hijos, todos la quieren mucho, difícil que alguien no la ame. Pero creo que Marquitos la quiere más que los otros. ¿Será que ya vivieron juntos en otras existencias?

– También ya me di cuenta del afecto que Marita tiene por Marquitos – dijo Leonor.

– Lo investigué y me llevé una sorpresa. No, Lorenzo, ellos no vivieron juntos, el afecto es de esta misma existencia. Marquitos fue, en su otra existencia, Abelino.

– ¿Abelino? – Pregunté asustado –. ¿El negro que desencarnó peleando conmigo?

– Sí –continuó aclarándome Leonor– cuando desencarnó, Marita oró por él, le ayudó mucho. Entonces, agradecido, empezó a quererla. Para continuar su aprendizaje, tuvo que ponerse un cuerpo negro y, cuando Benedicta estaba a punto de concebir, se le permitió reencarnar cerca de aquella que él consideró su benefactora y así lo hizo.

Los miré con amor. Comprendí que realmente me había perdonado. Los dos conversaban:

– Mamá – dijo Marquitos –, ve a descansar, yo hago eso por ti.

– No estoy cansada, Marquitos. Sabes bien que me gusta el trabajo.

– De saber lo sé, pero no quiero verte enferma. Por favor, no te excedas.

– Tú eres un buen hijo, ¡chico de oro! – Dijo Marita sonriente.

– Eres una madre maravillosa y estoy agradecido a Dios por tenerte como madrina.

– Marquitos, soy tu madre, no te di a luz, una madre de corazón es más que la del vientre. ¡Te quiero como un hijo!

Leonor me jaló de la mano.

– ¡Tenemos que irnos!

– ¿Ya? – Quería quedarme más.

– Vamos, Lorenzo, todavía tenemos que ver a José María. Volitamos, aprendí a volitar, me gustaba aprender.

Era consciente de lo mucho que tenía que aprender y tenía muchas ganas de hacerlo.

José María estaba en el interior de la provincia de São Paulo, en una ciudad que prosperaba. Pasara tres meses con Marita y volviera a sus actividades.

Lo encontramos en su celda, o cuarto. Estaba leyendo. Leonor y yo lo abrazamos. Mi compañera le pasó las manos por el cabello. José María dejó de leer y empezó a recordar, seguimos su recuerdos.

Tenía pocos recuerdos de España. El viaje a Brasil lo marcó mucho. El balanceo del barco lo había mareado mucho. Le dio mucha pena la desencarnación de Eva, le dolía ver arrojar su cuerpecito al mar, arrollado en un paño blanco.

Tras la complicación del parto de la madre, oró a solas pidiéndole a Dios que no los dejar morir. Con la desencarnación de Dolores, el dolor y la inseguridad lo asaltaron.

– "¿Y si papá ya no nos quiere? – pensó angustiado en ese momento –. Si se casa con otra y su mujer no nos quiere? ¿Seré capaz de criar a mis hermanitos?" Lloró mucho. Fue un período difícil cuando sufrió demasiado. Pero no dejó que nadie viera su sufrimiento, eso es para no ponerme más triste. Y decidió que, como era el mayor, me ayudaría.

No le gustó el viaje, pero no se quejó e hizo todo lo posible para ayudarme, cuidando de los menores con mucho cariño.

Recordó la hacienda, mi primer trabajo, de cómo trabajaba. Ahora, siguiendo sus recuerdos, vi que, aunque todavía era muy pequeño, resolvió los problemas de los hermanos menores y que trabajaron duro para ayudarme.

La mudanza nuevamente, recordado los detalles, también lo recordé emocionado. Recordó la desencarnación de Amancio, su preocupación por Marita, a quien quería mucho, del alivio cuando decidí vivir con ella y los primos, de la felicidad en vernos casados.

Entonces descubrí que José María y Leonor se amaban... Puro amor, cierto, los unió en la belleza de la adolescencia. Los dos hicieron planes para casarse, tener hijos y tan pronto como nos estableciéramos en Río de Janeiro iban a hablarnos de su relación. Los dos iban constantemente al arroyo, hacían planes, el futuro para ellos iba a ser hermoso.

Vi con emoción las escenas en las que salía a llamarla el día nos preparábamos para la mudanza. Fue al arroyo gritando su nombre, estaba feliz, cuando la vio caída, se estremeció, tuvo un presentimiento extraño y corrió cerca de ella.

– Leonor, ¿qué te pasó? ¿Te caíste?

Sintió un frío extraño, tuvo miedo, tomó su mano inerte, entendió más a través de intuición que por el conocimiento que ella había desencarnado.

– ¡Dios mío! – Exclamó afligido –. ¡Leonor está muerta!

La besó en la mejilla, el primer y último beso. Las lágrimas corrían por su rostro. La dejó como estaba y corrió gritando pidiendo auxilio. ¡Cómo sufrió! Por un tiempo se engañó, Leonor seguramente regresaría, después de decidió no amar a nadie más y al mismo tiempo amar a todos. Cuándo Laurita, en la posada, pidió a gritos que no llorasen más por ella José María se alejó y, entre lágrimas, como si su amada lo hubiera oído, dijo: "Leonor, mi amor, no quiero hacerte daño. ¡Te quiero feliz! ¡Muy feliz! Qué yo sufra, pero no tú!"

Y Leonor lo escuchó, porque estaba allí de visita, tratando de consolarnos. Entonces, en ese momento, él la vio. Leonor, por el ectoplasma de Laurita, pudo, con la ayuda de un asesor que la acompañaba, hacerse visible. Ella estaba hermosa, radiante y le dijo con mucho afecto:

– "¿Cómo puedo ser feliz viéndolos sufrir por mí? ¡No quiero que sufran! La vida continúa con la muerte del cuerpo, nuestros sentimientos son los mismos. Te amo, los amo a todos ustedes. No hay separación, solamente me ausente físicamente, puedo visitarlos siempre. Y voy a sufrir al saber que sufren por mí."

Leonor desapareció da vista en José María. Pronto terminó la hora de la visita y regresó a la Colonia. José María se quedó a meditar. Amenizó la nostalgia al verla, se tranquilizó al saber que estaba bien; entendió lo que ella le había dicho. Siempre estarían unidos, el amor que los unió fue sincero, puro y verdadero, su ausencia física no era razón para acabar con ese sentimiento.

"Es preferible – pensó – amar aunque sea de lejos a nunca sentir amor, muchos viven juntos sin amarse..."

Desde ese día, ya no sufrió por ella, no la había perdido, nadie pierde a nadie ya que no puedes ser el dueño, propietario del otro, y comprendió también que el amor une hasta en la distancia. Guardó ese amor en lo más profundo de su corazón y esto se convirtió en su fuerza para todas sus dificultades.

José María terminó sus memorias, se levantó y se dispuso a acostarse.

– ¡El amor es el grito del alma! – Exclamó Leonor. Entendí que era el amor que daba fuerzas a José María para ayudar, eso era lo que sentía. Admiré aun más a mi hijo.

– Vamos, Lorenzo – dijo mi acompañante –, tenemos que regresar.

– ¿Tú siempre vienes a verlo? – Pregunté.

– ¡Siempre! ¡Amo a José María! Amo la familia, los amigos, como también trato amar a la humanidad. Tengo; sin embargo, un profundo respeto por lo que es José María, pelo que él hace. Somos amigos, verdaderamente amigos.

Regresamos a la Colonia. A los pocos días comencé el curso donde aprendería a trabajar con los encarnados. Y la primera pregunta que le hice a mi instructor era está:

– ¿Todos los que trabajan con los encarnados hacen este curso?

– ¡Desafortunadamente no! Los encarnados que no estudian casi siempre tienen afinidades con desencarnados que no las tienen. Sería ideal si todos, encarnados y desencarnados, estudiaran e hicieran el bien con sabiduría. Pero no todo el mundo hace el bien... Hemos insistido en que los desencarnados que quieran trabajar con los encarnados en la ayuda al prójimo, vengan estudiar, pero muchos se niegan. Pero hay muchas maneras de aprender, y hay los que aprenden haciéndolo, en el día a día.

A pesar de haberlo escuchado hace muchos años, esto sigue siendo real, desafortunadamente. Sería mucho más provechoso si todos hiciesen el bien con conocimiento. Y oportunidades para conocer y aprender, todos las tienen.

Tomé el curso con mucho éxito y cuando terminó fui a José María, Donde me cabía ayudar y aprender.

JOSÉ MARÍA

José María vivía en un colegio con los otros sacerdotes. Era una construcción hermosa, estupenda, rodeada de jardines; era a lugar rico. La escuela instruía a niños de familias adineradas que recibían clases en un en internado o día de escuela.

Mi hijo trabajaba mucho, el cura superior lo sobrecargaba de trabajo, para evitar meterse en problemas. Él era abolicionista, no lo ocultó, y el superior no quiso disgustar ni tener problemas con los padres de estudiantes que eran, en su mayoría, esclavistas.

Mi hijo enseñaba en el colegio a los niños menores de edad, donde no podría exponer sus ideas. Trabajaba en la secretaría y organizaba su tiempo para enseñar a niños pobres.

Había, no lejos del colegio, una señora, doña. Ambrosina, que, teniendo una casa grande y espaciosa, la convirtió en una escuela. Los estudiantes, en su mayoría hijos de inmigrantes y empleados, ansiaban por aprender.

También había estudiantes que eran esclavos a los que los amos les permitían asistir a clases, y algunos libertos.

Todo el tiempo que tenía, José María se dedicó a esta escuela. Enseñaba primero doña Ambrosina y algunas jóvenes que querían ser maestras. No tenía día libre, los domingos celebraba misa por la mañana para los pobres y por la tarde enseñaba el catecismo a personas carentes.

José María era delgadito, débil, pero con buena salud, exceso de trabajo cansaba su cuerpo, pero no se quejaba y todo lo hacía con alegría. Cuando le preguntaban sobre su trabajo, contestaba sonriente:

– Trabajo para Dios. Siento a Dios en todo y en todos. El Padre trabaja para que yo también pueda trabajar. ¡Estoy agradecido por el trabajo, me encanta lo que hago! ¡Es trabajando, siendo útil, que se aprende siempre!

Entendí lo que mi hijo quería decir. Porque cuando queremos ayudar, si no sabemos cómo hacerlo, corremos el riesgo de causar más mal que bien, el sabio debe ser sabiamente útil. Tuve cuidado de aprovechar todas las oportunidades para aprender.

Y estando cerca de él, aprendí, incluso me instruí, asistí a clases y aprovechaba para adquirir conocimiento.

Personas desencarnadas deambulaban por la escuela, algunas queriendo ayudar, otras para molestar o incluso para vengarse, pero ninguna persona mal intencionada se acercó demasiado a José María. Mi hijo vibrado el bien y no era sugestionable, lo que me di cuenta pronto. Un día, al ver también que trabajaba demasiado, se lo dije. Yo hablaba y él captaba mi pensamiento o recibía mi intuición.

– "¡José María, descansa un poco!"

– "¿Por qué estoy pensando así? – Se preguntó a sí mismo –. ¿Será esto mi propio pensamiento? ¡No me siento cansado! Si siento que daño mi cuerpo, iré a descansar. ¿Alguien me sugirió este pensamiento? Bueno, si así fuese, por favor, quien me sugiere, no te preocupes, mi trabajo no me cansa. ¡Amo lo que hago! Sería muy triste si no trabajase mientras puedo hacerlo.

Seguramente llegará el momento en que, sin la fuerza de mi cuerpo joven, no podré tener estas actividades. Entonces me regocijaré, porque mientras pude, lo hice."

Entonces no le sugerí más descanso. En vacaciones de la escuela se acercaban y ciertamente, pensé, descansaría. ¡Pero nada! En el colegio tuvo muchas otras actividades, organizó la biblioteca, la tesorería y comenzó a dar más clases en la escuela de doña Ambrosina, enseñando de noche a los adultos.

El superior de la escuela era buena persona, pero estaba atento a las actividades de José María. Desde que llegó al colegio, él ya se había metido en algunos problemas. Por eso el superior no lo dejaba contestar ni celebrar misas de gente rica, porque mi hijo, cada vez que tenía la oportunidad, en sus sermones hablaba de igualdad entre los hombres. La más grande fricción entre los dos era porque José María quería que los esclavos de la congregación fuesen libertos, pero solo logró que se les tratara mejor.

Siempre recibía cartas de la familia y las respondía con entusiasmo, para siempre estuvo bien. Comprendí que así era como él me sentí muy bien José María tenía la paz de una conciencia tranquila, amando a todos y era estimado, pero además envidiado.

Lo que me preocupaba era que él era parte de un grupo abolicionista. Y como era amado y respetado, sus compañeros lo escuchaban, asistiendo sus ideas. Se reunían cada vez en la casa de uno de ellos en diferentes momentos, y siempre con cautela. Mi hijo siempre aconsejaba: ¡nada de violencia! ¡No es devolviendo los ataques que se construye!

Ciertamente, cuando estamos haciendo algo útil, hay y habrá siempre quienes contradecirnos. Nosotros y ellos, todos somos libres de tener ideas y luchar por ellas. ¡Todos deben ser respetados! Y seremos respetados mostrando nuestro trabajo a los que piensan lo contrario. ¿Qué nos importan los otros?

Debemos hacer lo que se supone que debemos hacer y hacerlo bien. ¿Críticas? No debemos criticar y ni siquiera preocuparse cuando los recibimos, incluso las destructivas. Lo que es bueno se queda, lo que es despreciable pasa sin dejar rastros.

El grupo fue creciendo y se entusiasmaron cada vez más. Temía por él, pero me enorgullecía por su valentía y osadía.

Todavía no lo ayudaba en nada. Siempre estaba tratando de hablar con los desencarnados que deambulaban por la escuela. Y cuando algunos de estos hermanos perturbado se acercó a José María, él redoblaba su atención, oraba y les enviaba pensamientos amorosos, algunos se beneficiaron al sentirse bien, otros se fueron pronto. Mi hijo era sensible, no era clarividente, pero sentía cuando algún desencarnado se le acercaba y distinguía sus intenciones, buenas o malas. Cuando esto sucedía y las entidades maliciosas se acercaban a él, les hablaba sobre la necesidad de cambiar la forma en que vivían y cómo podrían sentirse mejor haciendo el bien. Un día, tres desencarnados se acercaron a José María queriendo molestarlo. Los escuché hablando:

– Vamos a darle trabajo a este padrecito – dijo uno de ellos.

– ¡Qué vamos a ganar haciéndolo? – Preguntó el otro.

– Este es demasiado buenito – respondió el que era el jefe o líder del grupo –. ¡Simplemente darle un buen ejemplo! ¡Donde quiera que vaya, lo arregla todo! ¡Yo quería que Juan, aquel esclavo, fuese maltratado! No lo está siendo…. ¿y por qué? Por las ideas de este padrecito. ¡Él necesita una lección!

Se acercó a José María, que estaba orando arrodillado en su oratorio. Él dijo en voz alta, fijando su mirada malvada en mi hijo:

– ¡Estás cansado! ¡Muy cansado! ¡Para un rato, ve a disfrutar de unos días de vacaciones!

– ¿Por qué está diciendo eso? – Preguntó uno de ellos.

– Bueno, él trabaja mucho, siempre está ocupado y ni tiene tiempo para ocuparse de sí mismo, ni tiempo para escucharnos. Mira, está tan concentrado en sus oraciones que ni siquiera me escucha. Y encima hace que su vibración sea completamente desagradable para nosotros. Estoy deseando, para romper la rutina, hacer algo difícil, no sé si me iba a acercar de ese padrecito.

Decidí interferir:

– Por favor, ¡ustedes tres!

Luego me vieron, se rieron y el que parecía ser el jefe respondió irónico:

– Ahora, aquí está un amigo del padrecito. ¿Qué pasó? ¿Cree que está mal? ¡Solo vinimos a cansarlo!

– ¡Déjenlo en paz! – Exclamé –. Él no se está metiendo con ustedes.

– ¡Cómo que no! – Dijo el jefe nervioso –. Cuando nos impide vengarnos, está interfiriendo. Cuando convence a uno de los nuestros para que haga el bien, nos está ofendiendo.

– Bueno – respondí –, solo está ayudando a los negros. ¿Y si fueras negro? ¿Y si reencarnases como negro?

– Entonces me gustaría ser su esclavo – dijo uno de ellos.

– ¡Cállate idiota! – Dijo el jefe enojado –. ¡Qué reencarnar ni nada! Eso es para el futuro. Debemos pensar en el presente.

Empezamos a discutir. Fui imprudente. Actué más por emoción que por razón. En de repente, José María. Se levantó y dijo:

– ¡Trabajo es trabajo! ¡Antes hacer algo, incluso equivocada, pero que en el momento se juzga bien, a no hacer nada! ¡Si yo trabajo, tú o ustedes, que quieren hacerme parar tendrán que trabajar tan duro como yo! ¡No me detengo para complacer a nadie! No estoy cansado y si lo estoy, descansaré por el bien de mi cuerpo, pero mi espíritu no se cansa. Estoy pues porque siento a Dios conmigo y siento a Dios en ti, aunque tú no lo sientas.

Nos quedamos quietos, boquiabiertos, y uno de ellos dijo:

– ¡Yo no voy a con él! Ya siento cansancio solamente en pensar en quedarme con él.

– ¡Pues yo voy!

Los otros dos se dispusieron a acompañarlo, yo los acompañaba, atento a ellos. José María fue a la escuela de doña Ambrosina, los niños vinieron corriendo a su encuentro. Entonces comenzó a enseñarles. Y mentalmente, se dirigió a nosotros:

– "Por favor, quédense allí y no molesten; ¡aprendan también!"

Y dio sus clases.

El otro desencarnado, entusiasmado dijo:

– ¡Qué bueno! – Y dirigiéndose a mí –. Lo que enseña es interesante. Siempre quise aprender a leer.

– Vosotros, niños y niñas – dijo José María –, serán los adultos de mañana. El conocimiento facilita la existencia, pero no es un fin, sino un medio. Pero todo lo que hacemos con conocimiento, lo hacemos mejor. Lo importante es vivir siempre con Dios en el corazón, hacer todo como si estuviéramos viéndolo. Vivir de tal manera que si viéramos a Jesús no nos avergonzaríamos, y sí nos arrodillaríamos y daríamos gracias.

José María compartió bien su tiempo, salió de allí y fue a visitar a unos enfermos, dándoles consuelo y reviviéndolos. Trabajó como siempre y los tres permanecer a su lado.

– ¡Que cosa! – Exclamó el jefe –. Él no se detiene para escucharme y si me escucha, su respuesta me deja avergonzado.

– ¡Yo quiero estudiar! – Dijo el otro –. Quiero leer y escribir.

– ¡Los desencarnados no aprenden! – Dijo el jefe.

– ¡Claro que aprenden! Saben, conozco una escuela donde enseñan a los desencarnados. Si quieren puedo llevarlos allí.

– ¿Juntos a los buenos? – Preguntó desconfiado.

– Junto con los que aprenden a ser buenos – respondí.

– ¡No quiero!

– Vamos a descansar – dijo el jefe –, estoy cansado...

Se fueron. Se cansaron porque vivieron como si estuvieran encarnados, o trataron de sentir como si todavía "tuvieran un cuerpo de carne." Y aquellos que viven así sienten las sensaciones de los encarnados.

Oré y llamé a Leonor, quien vino pronto.

– ¿Qué está sucediendo, Lorenzo?

– Hay dos desencarnados que quieren molestar a José María. Yo no sé qué hacer.

– Siempre hay entidades que quieren molestarnos. Esto también sucede con José María. ¿Qué hicieron?

– ¡Nada! – Respondí –. No tuvieron oportunidad.

– ¿Por qué estás preocupado? En todo lo útil que se hace, siempre hay alguien que está en contra. Es en las dificultades que aprendemos a estar alerta y a amar a todos. Querer ser bueno entre amigos es fácil, pero también tenemos que amar a aquellos que están contra nosotros. Entonces estas entidades aprenderán que las armas que utilizan no siempre son eficientes y que los otros, a los que pretenden molestar, pueden tenerlas también. ¡Y que el bien es siempre más fuerte!

Al día siguiente vinieran lo dos y me quedé con ellos. Por días seguidos acompañaron a José María en sus actividades. El otro terminó aceptando mi invitación para estudiar. Se acercó a mi hijo y le pidió perdón.

– ¡Perdón, padre! ¡Te pido que me perdones!

– ¡Te amo como a un hermano!

Fue su respuesta en pensamiento.

El que pidió perdón sonrió y le aclaré:

– El perdón no es necesario donde realmente existe el amor. Amar, en su concepto, es nunca tener que pedir perdón, porque él nunca hizo mal a nadie. Y no tiene nada que perdonar, porque nada lo ofende. ¡Todo lo comprende, todo lo entiende!

– ¡Gracias! – Dijo con sinceridad.

Lo llevé a la Colonia a estudiar. Comprendí que el que ama puede llegar a todos con su vibración beneficiosa. El jefe perdió interés y se despidió de mí:

– Me voy, de lo contrario terminaré haciéndome daño, terminaré siendo un intolerante como él.

Sentí alivio, pero siempre había entidades perturbadoras de la paz queriendo que José María deje de hacer su trabajo. Pero mi hijo tenía fibra, nada, ni actos exteriores, ni consejos desalentadores, ni exaltación a vanidad, nada lo hacía desanimarse. Fijaba su mente en el trabajo en lograr y lo hizo. Fue una de las mayores lecciones que aprendí. Fijar tu mente, tu corazón, en la tarea a realizar, hacerlo por el Padre, hacerlo feliz en el día a día, obra por obra y hará lo que le corresponda. Si dejamos de hacer, nos detenemos y no terminamos la tarea que nos dispusimos a realizar, o si la posponemos, siempre quedará sin hacer. Es detenerse en el camino y nada de intolerancia, aprendemos a ser tolerantes en la constante actividad, en el trabajo útil.

José María se estaba haciendo peligroso para la gente importante en esa época, en esa ciudad. Importantes, pero fugaces, pues títulos y bienes materiales pasan, lo que importa es hacernos merecedores de los tesoros espirituales que son nuestros y nos acompañan donde vayamos.

Un día, al salir de clases de la escuela de doña Ambrosina, José María vio alguna gente reunida y se acercó. El amo iba a castigar a un esclavo. Intentó evitarlo:

– Por favor, señor – dijo – , no castigue a su esclavo. No sé lo que él hizo, pero hable con él, entre en un acuerdo.

El negro estaba cabizbajo y asustado. El señor, arrogante, respondió groseramente:

– ¡No te entrometas, so padre de los pobres! ¡No te metas! ¿O eres lo suficientemente valiente para recibir el castigo en su lugar?

– ¡Lo soy, señor! – Respondió José María.
¡Castígame!

Se desabrochó su sotana y, dejó al aire su espalda desnuda, entonces dijo:

– ¡Átame y azótame!

El señor se rio, iba a empezar a amarrarlo al tronco cuando la gente, ahora en gran número, empezaron a gritar:

– ¡No golpee al padre José María!

– ¡No castigue al negro!

Tomaron piedras, y el señor tuvo miedo de lo que podían hacer, cuando una señora rica interfirió:

– ¡Deténgase con eso! ¿Cuánto quiere por el esclavo? – El señor dijo el monto y la señora pagó.

– Pronto – dijo la señora – ahora el esclavo es mío y hago lo que quiero con él. Voy a dárselo al señor sacerdote. ¡Es suyo!

José María abotonó la sotana, besó las manos de la señora y dijo:

– ¡Gracias! ¡Muchas gracias!

Y le dio la carta de manumisión al negro. La gente aplaudió, dieron salvas de aplausos.

Esto hizo que el grupo de abolicionistas aumentara. Empezaron a ayudar a esclavos que huían, liberaban a los que compraban con dinero de las donaciones. José María pensó mucho en la Justicia Divina. Quería entender, para no dudar. Lo ayudé a encontrar un libro en la biblioteca sobre el cristianismo antiguo. Antes que las enseñanzas de Jesús fueran aceptadas por los romanos, creían los apóstoles y los primeros cristianos que los espíritus renacían muchas veces, en varias circunstancias, para aprender y progresar.

– Hijo mío – le dije –, a menudo vivimos en cuerpos físicos diferentes. El cuerpo carnal muere, se vive desencarnado y luego se vuelve a otro cuerpo en formación, una oportunidad para empezar de nuevo, reparar los errores y seguir aprendiendo. Dios es justo y bondadoso, dándonos otras oportunidades.

Lloró de emoción por el entendimiento que tenía. En la escuela, los padres se enteraron de sus actividades, del episodio en la calle que resultó en la liberación de esclavos. Así como ricos señores y esclavistas se quejaron de él, exigiendo que el superior tomara medidas. El padre superior lo llamó para hablar.

– Padre José María, ya le he prohibido involucrarse con los abolicionistas. Lo sobrecargué con trabajo y no sirvió de nada. Llegué a saber que todavía estás en el movimiento. Recibiste un esclavo y lo liberaste. No podías hacer eso, todo lo que recibes pertenece a la congregación. ¡Lo transferiré! Estarás lejos ahora. Tendrá tres meses en vacaciones y los pasarás en Río de Janeiro con tu familia.

Luego irás al interior de otra provincia, donde construiremos un colegio.

– Para los niños ricos...

– Para los niños, padre José María, cuyos padres pueden pagar para mantenernos.

– Hacemos votos de pobreza y vivimos como ricos y...

– Ya conozco sus ideas, padre José María, ¡ya las conozco! Ve a preparar tus cosas. Partes mañana temprano para Río de Janeiro.

José María iba a pedir quedarse más tiempo, pero el superior decidió dar por concluida la conversación.

Todos en la escuela conocían sus ideas. Pensaba que todos los sacerdotes deberían ser pobres y vivir en la sencillez y enseñar a todos los niños y jóvenes por igual, ricos y pobres. Deberían vivir los ejemplos de Jesús y los primeros apóstoles. Anhelaba hacer su congregación entender y vivir estos principios. Comprendí entonces que mi hijo se había hecho sacerdote en un intento de ayudar a la Iglesia y recordar a sus seguidores esos principios. No quería criticar, sino colaborar y pensó que solo perteneciendo a un grupo católico podría hacerlo. Pero esa tarea no fue sencilla ni fácil. Luego concluyó que debía hacer su parte y ejemplificar. Esto era lo que estaba haciendo, y bien.

Fue a su celda y comenzó a empacar sus pertenencias. Había poco, solo lo indispensable. Sintió tener que dejar tantos amigos. Luchó contra el sentimiento de tristeza, no dejándose envolver. Nuestra vida, pensó, es una serie de etapas y debería aceptar como terminada su permanencia en aquel colegio y en aquella ciudad. Otra tarea le sería dada, otra etapa se iniciaría.

Escribió una carta a sus compañeros advirtiéndoles que tuvieran cuidado y despidiéndose. Luego pasó rápidamente por la escuela de doña Ambrosia y se despidió. Era un pérdida, todos lo amaban mucho.

Pero José María tenía esperanzas, definitivamente haría nuevos amigos. Después podría visitar a sus parientes, estaba nostálgico.

Partió feliz al otro día.

LA FAMILIA

José María se embarcó, el viaje fue incómodo y largo. Tardaron días, se fueron deteniéndose en el camino. Mi hijo siempre encontraba la manera de ayudar, conversó con todos los compañeros de viaje, animándolos y recordándoles a Dios.

Su llegada fue una gran sorpresa, no se esperaba y todos se regocijaron mucho. Marita lo recibió llorando emocionada.

– ¡José María! – Exclamó –. ¡Qué bueno verte! ¡Qué delgado estás! ¡Yo te haré engordar! Cuéntame todo lo que pasó contigo. ¿Por qué viniste sin avisar?

– Me dieron tres meses de vacaciones. ¡Fue una sorpresa! Mi superior consideró que estaba cansado. No te avisé porque pensé que la carta y yo llegaríamos juntos.

Se rio e hizo reír. No dijo nada de lo que había pasado, no quería preocuparlos.

Miré la posada con emoción. Todavía estaba hermosa y bien cuidada. Dolores era ya una jovencita y cuál fue mi sorpresa cuando me enteré que estaba saliendo con Marquitos.

Toda la familia se reunió para verlo. ¡Fue una fiesta! ¡Fue bueno volver a ver a mis parientes! Todos estaban relativamente bien, porque no es muy fácil vivir encarnado y no tener problemas o dificultades.

Hablaron mucho sobre la relación entre Dolores y Marquitos. Marita amaba a su ahijado y no estaba en contra de su amor, pero estaba preocupada, Dolores podría tener hijos negros o mulatos. Sabía que el prejuicio era fuerte y temía que su hija sufriría por ello, pero no dijo nada. Los enamorados decidieron que José María los casaría.

– Hermano – dijo Dolores –, vamos a adelantar nuestra boda para que tú puedas oficiar la ceremonia.

Se fijó entonces la fecha, todos felices, empezaron a ayudar en los preparativos.

Marita hizo todo lo posible para que José María se alimentase mejor, e incluso hasta engordó. Descansó, se sintió feliz junto a sus familiares, quienes se desplegaban para complacerlo. Un día, mientras jugaba con sus sobrinos, pensó que si Leonor no hubiera muerto, se habrían casado y estaría rodeado de niños y tal vez incluso nietos. Mi vida hubiera sido muy diferente – suspiró –, no quise casarme con otra mujer, así que decidí ser sacerdote y fue un gran elección. Realmente creo que vine a este mundo a ser sacerdote, a vivir la enseñanzas en Jesús, estoy contento entonces porque hago lo que me propuse.

Amancio siempre venía a visitar a Marita y podía quedarse con nosotros unos días. Todo estaba bien, pero cuando vi a mi hija Laurita me preocupé. Leonor me aclaró:

– Lorenzo, Laurita es una persona sensible, que se comunica con los espíritus.

En ese momento no usábamos los mismos términos que usamos hoy sobre mediumnidad, sino para una mejor comprensión, ya que conocemos la designaciones, las usaremos.

– Siempre pensamos que es rara y extraña – respondí, recordándola como una niña y joven.

– Este intercambio entre desencarnados y encarnados ha existido siempre. Mucha gente tiene miedo de decirlo y muchos lo esconden. Es el caso de Laurita, incomprendida por su familia, temía que la llamaran loca y ocultó el hecho. Pero en el novio y esposo tuvo el entendimiento y comenzó a trabajo con sus dones.

– ¡Muy bien! – Exclamé contento –. ¡Voy a conocer cómo ella trabaja!

– Es bueno no animarse mucho, puedes tener sorpresas. Voy contigo.

Fuimos a la casa de Laurita. Mi hija vivía con su esposo y cinco hijos. Era un terreno cerca de la ciudad. La casa era sencilla, aunque cómoda. Plantaban muchas hierbas.

– Están son plantas que utilizan para tés y medicamentos – aclaró Leonor.

– ¿Ellos venden estas hierbas? – Pregunté.

– Sí, viven de eso. El esposo de Laurita, de ascendencia india, aprendió con miembros de su familia a usar las plantas como medicina. Ellos plantan, hacen tés y medicamentos, y los venden.

Entramos a la casa, Laurita estaba cosiendo un conjunto y a su lado había tres personas desencarnadas que no nos vieron y ni siquiera notaron nuestra presencia. Y cuando vi a uno de ellos, me asusté. Era como si yo me viera en el espejo.

– ¿Qué es eso Leonor? – Pregunté asustado –. ¡Por favor, explícame!

– Es un desencarnado que se hace pasar por ti. Como Laurita es vidente, él plasmó tu periespíritu para quedar igual que tú.

– ¿Mi hija acepta eso? – Pregunté.

– Ella cree que él eres tú. Laurita ayuda a mucha gente, pero por no saber lo que es correcto, actúa indebidamente.

– No sabe porque no hay nadie que le enseñe. ¿No habrá nadie para que les enseñe a los encarnados? – Pregunté preocupado.

– Ya se está preparando un grupo de espíritus de buena voluntad que reencarnarán en Francia para un estudio serio y que dejarán escritas las enseñanzas para las generaciones futuras.

– ¿Por qué ese espíritu se hace pasar por mí?

– Apenas desencarnaste, Laurita te quiso cerca, te quiso mucho. Para que ella lo aceptase, este desencarnado se hizo pasar por ti.

– ¡Qué absurdo!

Los cuatro, Laurita y los tres desencarnados, conversaban:

– Papá – dijo ella –, ¿estás contento con la visita de José María? ¿No lo encuentras muy delgado?

– Estoy feliz, sí, hija. También lo encontré muy delgado, ciertamente no debe alimento bien en el convento – respondió tranquilamente el que se hacía pasar por mí –. Si él no lo viese extraño, le llevaría algunas hierbas – dijo el desencarnado – quizás no querría. Es mejor que ellos no sepan lo que te pasa, todo el mundo encuentra estas cosas extrañas. Olvídalo, hija, Marita lo alimentará y José María estará bien."

Me acerqué a ella y traté de hablar con ella. Laurita notó mi presencia, aunque se sorprendió y preguntó:

– ¿Quién eres? ¿Qué haces aquí? ¿Eres del bien?

– Sí, soy del bien – respondí –. ¡Te amo! Me alegro que puedas escucharme. ¡Soy tu papá!

– ¡¿Papi?! ¡No eres el mismo! ¿Por qué me engañas? ¿Qué estás haciendo aquí? ¿Por qué estás tomando los apariencia de mi papá?

Cuando ella dijo eso, las tres entidades se pusieron alerta y miraron a todos lados y se miraron el uno al otro.

– Laurita, hija mía – insistí –, ¡soy tu padre! Vengo a visitarte. Junto con Leonor. ¿Por qué me repeles?

– ¡Tú no eres mi padre! No me gusta que me engañen. ¡Papá! ¡Papá Lorenzo, ¡ayuda! ¡Aleja a este mentiroso!"

El desencarnado que pretendía ser yo se acercó como si estuviera pegado a ella, quien suspiró aliviada, sintiéndose protegida. Me alejé preocupado y Leonor aclaró:

– Ella está acostumbrada a él, le gusta ese espíritu.

– ¿Cómo él logra cambiar su periespíritu igual al mío? – Pregunté.

– Los desencarnados que saben, lo hacen con cierta facilidad, toman la apariencia que quieren y lamentablemente se hacen pasar por otros desencarnados.

– Pensé que esto solo les pasaba a los desencarnados que en vida fueron importante o conocidos – dije preocupada.

Leonor me abrazado y aclarado:

– Para Laurita eres importante y conocido. Los médiums deben conocer a los desencarnados por los fluidos, estos no son modificables. El bueno vibra bien. Pero este desencarnado no es malo, sabe que la engaña y que está actuando mal, pero por conveniencia o por no saber actuar bien, sigue engañando. Hay casos que son más dañinos. Él quiere bien Laurita y no quiere que le pase nada malo, pero hay quienes son inconsecuentes o malvados, engañan para vengarse, dañar a los encarnados, hacerlos parecer idiotas o dejarlos quedar en ridículo. Los encarnados que no quieren ser engañados deben estar alertas, vibrar en el bien y actuar correctamente, y no quiera que cierto espíritu, cualquiera que sea, sea su compañero, guía o protector. Los médiums deben hacer su parte y dejar que los buenos trabajadores del bien se encarguen de determinar un desencarnado como su compañero. Deben entender que no tiene por qué ser alguien importante o conocido, si eso debe pasar, tiene que pasar naturalmente. Pero para nosotros los espíritus estudiosos que anhelamos progreso, no juzgamos a nadie más importante que otros. Todos aquellos que trabajan para el bien tiene su utilidad. Espíritus conocidos de los encarnados generalmente están a cargo de muchas actividades y ni siempre pueden ser compañeros de trabajo de un encarnado. Laurita te quería a ti para ayudarla, y él para complacerla, se hace pasar por ti.

– ¡Mi hija no me aceptó! – Exclamé con tristeza.

– Como ya dije, se acostumbró a él.

Tocaron a la puerta y Laurita fue a abrir. Era una señora que venía a pedir ayuda. Mi hija se concentraba y el desencarnado que se hacía pasar por mí se acercó a ella y se produjo el intercambio o incorporación. El desencarnado dijo:

– Usted vino de nuevo a pedir ayuda para su esposo que bebe y está sin dinero.

Laurita repitió:

– Doña Margarita, usted vino aquí a pedir para que su esposo no se emborrache más. Se están quedando sin dinero, ¿no?

Leonor explicado:

– El médium transmite el pensamiento o lo que dice el desencarnado; sin embargo, en su propio idioma.

Hablaron con la señora, la animaron y Laurita le dio un medicamento para ser colocado en los alimentos del marido, solo escondiéndola de él, para que no se emborrachara más. Finalizó diciendo:

– Sé que está sin dinero, entonces me paga cuando pueda.

Leonor y yo salimos, pero yo empecé a ir a casa de Laurita todos los días. Vi con tristeza que ellos hacían abortivos. Me hice visible a los tres desencarnados. El que se hacía pasar por mí se asustó. Hablé con ellos tratando de ser amable, con el objetivo de hacerme su amigo.

– Soy el verdadero Lorenzo. ¿Quiénes son ustedes?

– Este es Pedro y este es Mico, y yo soy Lorenzo, el padre de Laurita – respondió él, inquieto.

– ¡No, no lo eres! – Respondí en silencio.

– ¡Para ella lo soy y punto!

– ¡Por qué hizo eso? – Le pregunté.

– ¿Por qué no vino cuando ella lo llamó? Te necesitaba. ¿Por qué no viniste antes para ver a tu hija? – Me preguntó mirándome seriamente.

– ¡No podía! No estaba bien, estaba perturbado cuando desencarné y tuve para ser rescatado. Luego me fui a estudiar y luego fui a hacer otro trabajo.

– Ella te quería. Al principio no me aceptaba, y para que me aceptara, me hice pasar por ti. Solo quería y quiero ayudar. No me importa cómo me llamen. Ella me presta atención y eso es lo que importa, pero tengo un nombre, me llamo Juan.

– Juan – dije suavemente –, tú engañar y eso no es correcto.

– No te preocupes, me gusta como una hija y la estoy ayudando.

– Sé de eso, pero no es correcto hacerte pasar por mí.

Hubo muchas conversaciones, hice de todo para ser su amigo, los tres tardaron mucho en aceptarme y me alegré cuando empezaron a recibirme bien. Luego pasé a hablarles sobre el aborto:

- Si te preparaste y te alegraste de reencarnar para continuar tu aprendiendo y los futuros padres vienen a este lugar y reciben la hierba abortiva y los echan fuera del cuerpo que les fuera destinado en el vientre materno, ¿creerían que está bien?

– ¡No! – respondieron los tren a una sola voz.

– No hagan a otros lo que no quieres que te hagan a ti.

Los tres pasaron entonces a mi ayudar a convencer a Laurita y su esposo a no vender más las hierbas abortivas que eran las más requeridas.

Incluso después que José María se fue, pedí permiso para visitar más a mis familiares y resolver este tema con Laurita, lo que me fue permitido.

Me llené de alegría cuando mi yerno ya no sembró las hierbas abortivas y quemó los que ya habían sido cosechados. Decidieron no hacer nada más que provocase un aborto, además, Juan transmitía a quienes lo consultaron sobre el tema, enseñanzas a favor da la vida, del amor.

Juan aceptó estudiar, ir a la Colonia a hacer el curso, el mismo que hice, para luego volver como el mismo y continuar siendo un mentor espiritual de Laurita. Se despidieron emocionados.

–Laurita, debo irme – dijo –, dentro de unos meses, otro amigo, Juan, vendrá para continuar el trabajo que haces. Pedro y Nicolás se quedarán contigo.

– Papi, ¿es realmente necesario que te vayas? – Indagó ella con voz llorosa.

– Sí, hija mía, debo irme. Por favor, no me retengas. Debo ir a aprender muchas cosas.

– Recuerda que prometiste visitarme.

– No te olvides que me veré diferente. ¡Adiós!

– No lo olvidaré. ¡Adiós!

Laurita lloró y lo extrañó mucho. Juan estudió de buena gana, hizo el curso, aprendió muchas cosas y volvió con nuevas ideas. Los dos hicieron un bonito trabajo. Ahora era Juan, el padre Juan. Los otros dos fueron uno a la vez a la Colonia, donde disfrutaban aprendiendo. Uno de ellos, agradecido, me dijo algo que nunca me olvido:

– Siempre debemos caminar, crecer, progresar y ayudar, convertirnos en servidor útiles, en vez de permanecer siempre necesitando ayuda.

Empecé a visitar a Laurita siempre y ella me veía, y conversábamos por momentos.

Mi hija estaba muy contenta con el regreso de ese espíritu y lo aceptó. inmediatamente como Juan, quien regresó con la apariencia que había tenido en su última encarnación. Eran amigos, compañeros y se querían mucho. Ella, cuando encarnada, no se enteró que había sido engañada.

Actualmente, todavía ocurren eventos similares, pero siempre hay una manera de saber, porque hoy en día tenemos los libros en Allan Kardec para guiarnos.

Pero volvamos a la visita de tres meses de José María a nuestros familiares. Dondequiera que estaba encontraba la ocasión de ayudar. Era amado y amaba. Sus consejos útiles, ponderados y prudentes ayudaban a muchos familiares.

Llegó el día de la boda de Dolores y Marquitos. La familia se reunió en posada. Hijos, nietos y bisnietos charlaban felices y alegremente. Yo estaba fascinado. Bidu comenzó a hablar sobre me.

– ¿Será el Sr. Lorenzo quisiera ver a mi Marquitos casado con la más jovencita, Dolores?

– Pues, Bidu, ciertamente que papi lo aprobaría – dijo Joaquín.

– Es que podrán tener hijos negros o mulatos y el Sr. Lorenzo y Doña Marita tendrán nietos negros.

– Serán nietos – dijo José María –. Papi no era racista.

– Realmente no lo era – dijo Bidu –. ¡Como extraño al Sr. ¡Lorenzo!

Hablaron del pasado, de eventos divertidos y alegres. Lloré, los recuerdos eran fuertes y entendí que todavía estaba muy conectado a ellos.

La boda fue muy bonita. La pareja se iba a vivir a la posada con Marita, eso me dejó tranquilo, ella no se iba a quedar sola.

Pasaron rápidamente tres meses y José María y yo volvimos al convento.

CONSTRUCCIÓN DEL CONVENTO

José María se fue con otros cuatro sacerdotes al interior del país, a la Provincia de Goiás, un pueblo donde todo indicaba que pronto sería una encantadora ciudad.

El viaje fue difícil, incómodo y largo. José María se hizo amigo todos, pero especialmente de un joven sacerdote, Lenizo. El superior, uno de ellos, era un gordo sacerdote alemán muy aficionado a comer bien y beber vino. Era ambicioso y quería que su escuela fuera la mejor y la más hermosa de Brasil. El plano de planta que tomaron era el de un edificio grande y muy moderno para la época.

Tenían dinero para construirlo, pero el superior contó con la ayuda de los fieles, de ricos agricultores de esa región.

A José María le gustó el lugar, pero se puso triste. Ahí la esclavitud era mucho peor. En Río de Janeiro y São Paulo, los esclavos eran mejor tratados. En el campo, en las haciendas, eran realmente propiedad de los amos que disponían de ellos a su antojo. Hubo señores buenos y humanos, pero había además muchos caballeros malos y los negros sufrieron horrores.

Se les prestó una casa para quedarse hasta que se terminara de construir la escuela. La casa era sencilla y eso disgustó al sacerdote superior.

– ¡Nos merecíamos una casa mejor! – Exclamó disgustado.

– Es una de las mejores del pueblo – dijo Lenizo.

– Vamos a acomodarnos de la mejor manera posible.

Y así lo hicieron. Se instalaron en la casa, que no estaba lejos del lugar de construcción e inmediatamente se iniciaron las obras en un terreno donado. José María y Lenizo compartían la misma habitación y ya empezaban a trabajar. El superior adquirió esclavos y algunos otros fueron prestados para el trabajo. Se hizo un cobertizo al costado y otro en la parte de atrás. El del lado era un salón de clases y el del fondo, la senzala.

Se dieron cuenta que los esclavos eran tratados con dureza y que trabajaban mucho, esto dejó a José María y Lenizo, que tenían las mismas ideas, disgustados. Ellos pasaron los hablar mucho, intercambiando ideas.

– Padre José María – dijo un día Lenizo – No puedo pensar que Dios, siendo justo como es, permita que haya esclavos. ¿Será que los negros no tienen alma? Siento que lo hacen y que son humanos como nosotros. Evito incluso pensarlo, porque temo volverme ateo, como muchos que se dicen religiosos o como algunos estudiosos científicos. Noto que mucha gente inteligente que dice no creer lo que enseña nuestra Iglesia y que los tildan de herejes y ateos de hecho no lo son, solamente piensan diferente. Ya hablé con uno de estos y lo negó, me dijo que cree en Dios, pero lo concibe de otra manera. Creer en un Padre justo y bueno, que nos ama igualmente.

– Yo también lo creo – dijo José María –. Creo que todos sienten al Creador de un modo. Hay muchas maneras de creer en el Padre y he pensado que todo el mundo tiene razón no hay injusticia, hay aprendizaje. Yo creo, Lenizo, que vivimos muchas veces en un cuerpo de carne, que es este vestido, la carne que muere, pero el espíritu, el alma, continúa su aprendizaje, volviendo muchas veces a la esfera física.

– ¿Tienes ideas orientales? ¿Crees entonces que los esclavos están rescatando a sus errores, sus pecados? – Preguntó Lenizo interesado.

– ¿No es más justo que creer en el infierno?

– ¡Eso es! Pero no debemos creer esto.

– Lenizo – dijo José María en silencio –, ¿cómo me explicas lo que vemos por aquí? ¿Por qué hay tantas diferencias? Es mejor pensar en esta posibilidad que convertirse en ateo.

– Si están rescatando sus errores, no debemos interferir – dijo Lenizo. de verdad, algo por nosotros, por ellos y para quienes son sus amos en este momento. Todos somos hermanos y además tenemos nuestros errores a ser rescatados. Ayudar los todos los que se equivocan y los que sufren es tarea de los que quieren ser útiles y de los que se consideran hijos del mismo Padre ¡Todos somos hermanos! Yo también pienso, Lenizo, que no solo reparamos las fallas aquí en la Tierra, sino que también aprendemos, un espíritu en un cuerpo negro, siendo un esclavo, tendrá muchas oportunidades aprender a ser humilde, trabajador y a valorar la libertad. Como el de su señor en ser generoso y humano.

– ¿Y los que no aprenden? – Preguntó Lenizo.

– ¡Repiten las lecciones! – Exclamó José María –. El señor podrá convertirse en un esclavo y sufrir lo que hizo sufrir a los otros en el aprendizaje doloroso.

– Qué gusto tenerte de compañero, José María. No quiero ser ateo y voy a pensar con cariño en lo que me dijiste. Y que este asunto quede entre nosotros dos.

José María sonrió. Fue aun mejor. El sacerdote superior, conociendo sus actividades anteriores, ya lo había designado como el sacerdote de los pobres y lo había prevenido que no toleraría indisciplina.

Ser asignado para servir a los pobres hizo muy feliz a mi hijo y pasó a dedicarse a ellos con mucho afecto.

José María y Lenizo, de noche, empezaron a enseñar a los pobres. En el comienzo había pocos estudiantes, pero fueron creciendo.

Mi hijo hablaba con mucha gente y parecía que no había abolicionistas o si hubo tenían temor y no se declaraban. Las mayoría de la gente ilustrados y ricos no querían quedarse sin mano de obra barata y la monárquicos estaban en contra de la liberación de esclavos, porque pensaban que sucedida la abolición los republicanos llegarían al poder. Y entre los sacerdotes, la mayoría predicaba que los negros no tenían alma y que no era incorrecto tenerlos cómo esclavos, y eso amortiguaba muchas conciencias.

Seguro que José María pronto encontraría nuevos compañeros abolicionistas, y eso me preocupaba, porque no quería que nada malo le pasara.

Mi hijo estaba inquieto, su superior no mostraba amabilidad con el negros que construían la escuela. Era autoritario, enérgico y utilizaba el castigo para los que no le obedecían. Era temido y, como todos los que usan de la violencia para ser obedecido siempre eran odiados, éste también lo era.

Un día, los esclavos que trabajaban en la obra se rebelaron y golpearon a un capataz. Esto sucedió en la tarde y fueron a hablar con el superior cuando era de noche. Ordenó encerrar a los esclavos en la senzala, y el caso sería resuelto al día siguiente.

– "¡Dios mío! ¿Qué hago para evitar el castigo que será dado a los esclavos?" – Pensó José María afligido.

El Padre superior tenía en su habitación un armario lleno de medicinas y venenos Había, sin querer, husmeado, mirado todo y por eso sabía de su existencia. Tuve una idea y se la di a mi hijo, quien la capturó y la puso en práctica.

El superior estaba cenando, José María, a escondidas, entró en la habitación. Abrió el armario y vio las botellas, las etiquetas estaban todas en alemán. Mío hijo entendido a poco da lengua germánica, le señalé la correcta.

– Ésta, hijo mío.

Tomó el vial, lo leyó y dedujo que era la pastilla para dormir. Derramó un poco en el vaso e inmediatamente regresó al comedor. Puso el vaso sin que nadie se diese cuenta en la mesa y exclamó:

– ¡Una mosca en tu vaso! ¡Te lo cambio! – Rápidamente vertió el vino en el vidrio quien había traído y llevó el otro a la cocina. El sacerdote superior exclamó:

– ¡Maldita sea! ¡Moscas!

Bebió y comió como de costumbre y se fue a dormir. José María estaba ansioso, no logró conciliar el sueño, se levantó temprano. Como el sacerdote superior no despertó, fue a la construcción en su lugar. Reuniendo a todos en el patio.

– Aquí estoy para resolver el asunto de lo que pasó ayer por la tarde. El superior está indispuesto y no puede venir.

Los ocho capataces y los esclavos estaban mirando, el sirviente que había sido golpeado quedó satisfecho esperando el gran castigo prometido y los negros estaban temerosos.

– Olvidemos lo que pasó – dijo José María con firmeza –. Éste la universidad será un lugar donde muchos aprenderán y no se debe construir con dolores y aflicciones. El Sr. Souza será despedido. Hay muchas quejas contra él, ya no trabajará más con nosotros. El señor Manuel será el responsable de las construcciones.

José María hizo una pausa. Todos se regocijaron. El capataz despedido era malo y el Sr. Manuel era amable y considerado. Los esclavos lo miraron con piedad, esperanza e inspiración. Mi hijo no temía las consecuencias de su accionar y continuó diciendo:

– No habrá más castigos, el tronco será quemado. La jornada laboral va a disminuir. Empezará a las seis de la mañana y terminará a las seis de la tarde, y tendrá un descanso para almorzar. Los domingos tendrán el día libre y podrán visitar sus familias. La alimentación será mejorada y podrán comer más. Hoy día y mañana ustedes van a mejorar la senzala.

Los negros dieron vivas, permanecieron alegres y mi hijo finalizó:

– Espero no tener ningún problema con ustedes. No quiero abuso. Si alguien abusa, será devuelto. Y si tienen problemas, cualquiera que sean, aquí estaré una vez al día para servirlos. Ahora a trabajar.

Un negro joven y fuerte se acercó tímidamente a él.

– ¡Puedes hablar! ¿Qué quieres? – Preguntó hijo.

– Señor cura, tengo una compañera allá en la finca y un hijo de ocho meses. Estaba muy enfermo cuando vine aquí. Ha pasado un tiempo que no los veo, no sé nada de ellos y...

– ¡Puedes ir a verlos! Tienes tres días para visitarlos.

El negro se quedó de pie. Mi hijo dijo:

– ¿Qué esperas? ¡Puedes irte!

– Señor, si llego allí, voy para el tronco. Golpean primero para después verificar. Pensarán que me escapé.

– ¿Tu señor sabe leer?

– Él sabe, estudió en la ciudad grande – respondió el esclavo.

– Entonces le escribiré. ¡Espérame aquí!

José María rápidamente escribió una carta diciendo que le había dado permiso al esclavo para que se ausente y se la entregó al negro.

– ¡Dios le pague, señor sacerdote!

El esclavo salió corriendo contento. José María también se quedó muy feliz. Cuando hacemos feliz a alguien, quedan en nosotros fluidos de bienestar. Mi hijo regresó a casa, el sacerdote superior durmió todo el día, se despertó por la tarde indispuesto y no queriendo hacer nada.

– Padre superior – dijo José María –, me ocupé de todos los problemas por usted.

– Está bien. Estoy cansado, he trabajado mucho.

Estuvo días en cama con una crisis hepática y cuando mejoró fue a ver al trabajo y escuchó lo que había sucedido, pero no estaba enojado. El trabajo estaba adelantado y bien hecho.

– Gente contenta trabaja mejor – dijo José María.

– Sí – dijo –, creo que te dejaré manejar el trabajo de estos negros. Tú los entiendes.

Nos regocijamos, yo, José María y los esclavos, que comenzaron a ser tratados con benevolencia. La obra fue siendo construida por alas.

José María recibió cartas de familiares, pero tardaron mucho, él permaneció contento con las noticias y se preocupaba con todos.

Yo siempre iba a verlos. Mientras sucedían los hechos narrados con José María, en mi antigua casa, con los demás miembros de la familia, pasaban muchos eventos.

Marquitos se enfermó. Tuvo neumonía, empeoró y desencarnó. Dolores sufrió mucho, con 19 años, viuda y con dos hijos mulatos.

Marquitos se rebeló al saber que su cuerpo carnal había muerto, no quería haber desencarnado y no aceptaba el hecho. Se quejó que era joven y con dos niños pequeños que lo necesitaban. Amancio, Leonor y yo hicimos de todo en el plano espiritual para ayudarlo. Incluso lo llevé a Laurita, que habló con él, pero tampoco ayudó. Me quedé en la posada, intentando participar en la vida familiar. Sufría de dolor y debilidad en el pecho y no quería ayuda y ni alivio. Empezó a incomodar la vida de los que amaba.

Dolores, por su influencia, se puso triste y abatida y a veces rebelde. Bidu permaneció inquieto y uno de mis nietos, hijo de él, se enfermó.

– Marquitos – le decía – acepta el cambio que ha ocurrido en tu vida. Tu cuerpo murió, ven y aprende a vivir de otra manera. Estás perjudicando a los que amas.

– ¡No quiero cambiar! ¡No quería morir! Me voy a quedar aquí. Sin lastimar nadie. ¡Yo los amo!

Pedro, el espíritu que trabajaba con Laurita lo tomó y lo llevó a un Puesto de Socorro donde estuvo alojado durante unos meses. Todos mejoraron sin sus fluidos de angustia. En el Puesto de Socorro, aunque Marquitos fue tratado con cariño, no mejoró, no quería aceptar el hecho que su cuerpo físico estaba muerto y no podía permanecer allí por más tiempo sin querer. Todos tenemos nuestro libre albedrío, que es siempre respetado. Así que volvió. Pero ya no se le aceptaba en casa. Sus parientes ya no estaban dispuesto a sentir sus fluidos negativo.

Marquitos se sintió rechazado y muy infeliz. De nuevo traté de convencerlo.

– ¡Marquitos, ven conmigo! Es muy triste verte así. Te amamos y queremos que estés bien.

– Nadie me ama, no me quieren cerca.

– La vida continua. No eres solo tú quien sufre la situación. Dolores tan jovencita es responsable de criar a dos niños. Ella no puede parar y solo llorar por ti. Tus hijos son pequeños y merecen serlo felices, y a su edad es natural que no se acuerden de ti. Marita y Bidu ya son viejos, te extrañan mucho e si insistes en quedarte aquí, terminarán enfermos. Tu rebeldía no cambiará nada, sufres y estás haciendo sufrir.

– ¡Qué tristeza! – Dijo llorando desesperado.

Pero finalmente entendió y nosotros, Amancio y yo, pudimos llevarlo al Puesto de Socorro, donde permaneció internado por un buen tiempo, primero recuperándose y luego aprendiendo.

Hacía dos años que Marquitos había desencarnado y dos meses desde que había sido llevado a la Colonia.

Adelino, mi hijo que estaba sirviendo en el ejército, tenía permiso, fue a su casa y se llevó a un amigo con él. Marita estaba feliz y le dio la bienvenida al amigo de nuestro hijo, que era un joven rubio muy guapo de un estado del sur. Él se enamoró de Dolores, que además correspondió a su amor.

Decidieron casarse. Marita estaba triste porque se iban a vivir al sur del país y ella estaría lejos de la hija y de los nietos.

– Dolores – dijo Marita –, déjame a los niños.

– Mamá, no puedo separarme de mis hijos. Mi prometido los acepta, Prometió amarlos como sus hijos.

– ¡Son mulatos! Me temo que sean despreciados. Tendrás otros hijos que serán blancos y rubios.

– ¡Defenderé a mis hijos! No puedo dejarlos, tú ya estás vieja, ya trabajaste demasiado y criaste demasiados hijos. Seremos felices, amo a mi prometido y él es muy bueno.

Se casaron y se mudaron. Joaquim dejó la posada a uno de sus hijos y vino con su esposa a vivir con Marita. Él y Bidu se encargaron de todo. Mi esposa estaba muy triste por esta separación. Al visitarla la encontré quejumbrosa:

– Ya perdí tantos seres queridos. Eva, mi prima Dolores, Amancio, Leonor, Lorenzo, Marquitos y ahora mi hija Dolores y mis dos nietos yéndose lejos. Siento que no los veré más.

– Marita – le dijo consolándola – no perdiste, porque aquí seguimos amándote. Cuando desencarnes podrás volver a ver a Dolores y los niños.

Ella solo sentía mis fluidos de cariño, se conformaba y trataba de sentirse de la mejor manera posible.

Dolores siguió a su esposo hacia el sur. Tuvieron problemas, pero lo superaron. Se amaban y eran felices. Tuvieron más hijos y Marquitos se reencarnó como uno de ellos. Mi ahijado volvió para un nuevo comienzo cerca de los que amaba.

Pasaron unos meses, Leonor vino a visitarme y me puso al tanto de las nuevas eventos.

– Lorenzo, Marita desencarnó, papi y nosotros la llevamos a la Colonia.

– ¿Por qué no me llamaron? – Pregunté sentido.

– No vimos necesidad de llamarte. Mamá tuvo una muerte física repentina. Aceptó bien la desencarnación y espera una visita.

Después de tres días fui a visitarla, tenía muchas ganas de abrazarla y darle la bienvenida. La encontré con Amancio. Los dos charlaron alegremente sentados en una banca en el jardín. Los miré movido. Ellos si se amaron.

Podrían, para los encarnados, parecer una pareja extraña. Amancio, luciendo joven y fuerte, Marita, luciendo vieja, pero para los desencarnados esto es normal. Para el amor verdadero, las apariencias no tienen importancia. La conexión por amor espiritual es la verdadera, el sentimiento real está más allá de lo externo, es querer bien por lo que el otro es. El cariño espiritual es duradero para todo y siempre. Me acerqué.

– ¡Marita, sé bienvenida!

Marita sonrió tímidamente. Estaba delante de sus dos maridos. No la dejé avergonzarse. Puse mis manos en los hombros de cada uno de ellos, acercándolos más y dije emocionado:

– ¡Mis amigos!

Nos miramos con ternura. ¡Qué bueno tener amigos! Es poseer una gran y valioso tesoro. Es tener con quien contar en momentos inciertos y nunca sentirse solo. Y que bueno es compartir con ellos los momentos felices. Fue muy feliz para mí abrazar a mis amigos y saber que estaban mejores que yo. La amistad es la luz de la existencia. Amancio dijo:

– Lorenzo, te debo mucho. ¡Nunca olvidaré que criaste a mis hijos! Y también lo que Marita, mujer valiente, hizo por mí.

– Yo también estoy agradecida – dijo Marita –. Tú, Amancio, fuiste marido increíble, y tú, Lorenzo, me ayudaste mucho.

– Yo también quiero darte las gracias – dije –. Marita me ayudó a criar a mis hijos, cuidaste mucho de mí cuando estaba enfermo, y tú, Amancio, me ayudaste y...

– ¡Basta! – Exclamó Leonor sonriendo –. La lista de agradecimientos para cada uno me parece enorme. ¡Han hecho mucho el uno por el otro! ¡Alegrémonos! Solo recuerden los beneficios que recibieron y me parece que se olvidan de lo que hicieron. ¡Eso es increíble! ¡Los amo a ustedes!

Nos abrazamos contentos.

Siempre nos encontramos y nuestra amistad se ha solidificado cada vez más. Amancio permaneció junto con Marita y yo continué con José María.

LA CASA EMBRUJADA

José María empezó a sondear a la gente en confesiones y en conversaciones y pronto encontrado algunos compañeros y ellos pasaron a reunirse a escondidas. Al principio era él y otros dos, Firmindo, dueño de una taberna, y Josías, hijo joven de un agricultor rico, que había estudiado en Río de Janeiro y pensó que la esclavitud era injusta y cruel. Josías era valiente, pero no apreciaba el trabajo y se involucró mucho con mujeres. El grupo iba creciendo poco a poco. Todos temían, allí la ley era la de los señores ricos y eran contrarios a la abolición y defendían sus ideas con violencia.

Con parte de la escuela lista, se mudaron para allá y vinieron dos sacerdotes más para enseñar. A cada uno se le dio una habitación. La de José María era pequeña, pero pronto la hizo agradable. Con muchas tareas él y Lenizo empezaron a hablar menos y el joven cura no sabía del envolvimiento de mi hijo en el grupo abolicionista.

El sacerdote superior siempre estuvo atento a todos, pero principalmente a mi hijo, porque no perdía oportunidad de hablar de sus ideas en cuanto a los igualdad de los seres humanos.

En las fiestas de Semana Santa, José María, al finalizar uno de las procesiones, hizo un sermón que disgustó a los señores ricos y también al sacerdote superior, que lo castigó. Lo dejó sin comer durante tres días. José María obedeció, pero su cuerpo débil y delgado sintió la falta de alimentos. No se quejó, aprovechó para orar y meditar en su habitación, pero también se le prohibió ir a otras festividades y no hablaría más en público.

– ¡Qué castigo injusto! – Le dijo Lenizo cuando lo visitó, con pena de ver al amigo encerrado en su habitación. Pero José María lo consoló:

– Si muchos negros pasaron por esto y a veces hasta amarrados al tronco, yo también lo puedo soportar.

Allí era costumbre que los amos llevaran a sus esclavos para ser castigados sobre un tronco, llamado cepo, levantado en la plaza frente a la iglesia. Y muchos de los castigados permanecían allí amarrados durante la noche o todo el día.

– No era difícil soltarlos, pero había un gran problema, dónde esconderlos. ¿Qué hacer con ellos una vez liberados? Si los sacaban del tronco, ellos serían capturados de nuevo y doblemente castigados. Su situación sería peor, era urgentemente necesario encontrar un lugar para esconderlos. José María encontró la solución.

Había, en una finca, una casa al lado de una cueva que fue abandonada por tienen fama de estar embrujada. El granjero dueño de esas tierras vino hablar con el sacerdote superior, quien llamó a José María para solucionar el problema.

– Padre José – dijo el superior – El Sr. Silva vino en busca de ayuda, él mismo él hablará sobre el tema.

– En mi tierras hay una casa, donde mi padre vivió, que atormenta a todos. Quería poner a vivir allí a un empleado para que velara por esa propiedad, pero nadie se detiene en la casa o se queda más de una noche. Yo mismo he visto y oído cosas extrañas. Hacen ruidos en la casa, se ven figuras y lanzan cosas contra las personas que no se saben de donde salen. El padre superior dijo que usted podría ir a rezar allí, para que eso suceda más.

Y al otro día, temprano, fuimos, José Maria y yo a la casa embrujada. El lugar era hermoso, no lejos de la ciudad, con agua cerca de la casa y una gran huerta. La casa no era estupenda, pero era de buena construcción. José María, al entrar, se estremeció. ¡Y los vio! Había muchos negros desencarnados, ex esclavos que deambulaban por allí. Mi hijo se sentó a descansar, había venido a pie y estaba cansado, y yo hablé con los negros:

– ¡Buen día! ¿Cómo la están pasando? ¿Nos permiten descansar un poco?

– ¿Quién es este sacerdote? ¿Es bueno o malo?

– ¡Es bueno! – Exclamé –. José María es un sacerdote que ama mucho.

– ¿José María? – Preguntó uno de ellos –. El buen cura que lucha por liberar a los negros? ¡Es un placer tenerlo aquí!

La hostilidad terminó y José María se sintió mejor y comenzó a orar. Los ex esclavos, en espíritu, se alinearon y fueron a pedir su bendición. llegado cerca de él, se arrodillaron y mientras mi hijo oraba, emanaciones agradable iban hasta ellos. Aproveché para hablar con los residentes. Desencarnados del lugar:

– ¿Por qué están aquí?

– Esperamos el regreso del coronel, del nuestro ex señor.

– ¿Para qué?

– Para hacerlo sufrir como nosotros sufrimos – dijo uno de ellos, y todos concordaron.

– ¿Quieren venganza? – Dije suavemente, temiendo ofenderlos –. La venganza no es buena compañía. Nadie es feliz vengándose. Vean al sacerdote José, es feliz, y qué agradable es ser bueno. Perdonen y déjenme que los ayude.

– Agradecemos su intención de ayudarnos, pero no la aceptamos. Ya decidimos, aquí nos quedaremos, hemos hecho un pacto de honor y seguiremos obsesionando a los blancos que se acerquen a esta casa.

– Pero la vida continúa – les dije – y están parados al margen de los acontecimientos. Preocupados por el ex señor, se olvidaron de ustedes mismos, de hacer algo para mejorar sus vidas.

Me miraron desconfiados, pero continué:

– Existe la reencarnación, no fueron esclavos por casualidad y pueden nacer esclavos de nuevo si se niegan a aprender la lección. Somos dueños de nuestros actos, olvídense del antiguo amo, él tendrá que cosechar de su propia plantación. Los invito a conocer otra forma de vivir.

No conseguí nada. José María se iba, no había visto nada embrujado. Tuve una idea y hablé a los residentes de la casa:

– Ustedes permitirían que esclavos escapados se escondiesen aquí?

– ¡Por supuesto! – Respondieron –. Ayudaremos a nuestros hermanos de raza. Entonces le di la idea a mi hijo:

– Hijo, aquí hay esclavos, negros que han desencarnado y que todavía se sienten esclavos y que no quieren blancos por aquí. Si la fama de la casa continúa los fugitivos negros podrán esconderse aquí hasta que puedan irse lejos.

José María se fue de allí feliz. Fue a hablar con el hacendado avergonzado, él le dijo al señor Silva:

– Es mejor dejar la casa vacía. Hay demonios terribles que no quieren salir. Si los expulsamos de allí pueden ir todos a la hacienda.

– ¡Dios no lo quiera! Si ese es el caso, déjelos ahí, solo en la casa. ¡Será abandonada!

Queriendo ayudar a esos esclavos desencarnados, pedí permiso para tratar de ayudarlos. Estaba muy feliz con esta tarea. Continué yendo allí, nos hicimos amigos y comenzamos a hablar mucho. También llevé a amigos de la Colonia para hablar con ellos. Escuché sobre su antiguo amo, había reencarnado, pero no se lo dije para que no pasaran a obsesionarlo.

Poco a poco logré dilucidarlos y me fueron pidiendo ayuda. Los llevé al Puesto de Socorro de la región.

En la próxima reunión del grupo, mi hijo les dijo a los compañeros.

– Tenemos un lugar seguro tanto para reunirnos como para esconder nuestros esclavos que liberamos. ¡La casa embrujada! Fui allí y no hay nada, Le comenté que había demonios para que todos tuviesen miedo y nadie vaya hasta allí.

– Yo creo – dijo uno de ellos – que no deberíamos tener reuniones allí, somos 11 y si vamos mucho a la casa, pueden sospechar, deberíamos dejarlo solo para escondite.

– Voy mañana – dijo Josías – y dejaré ropa y algo de comida en el caso que algún fugitivo tenga que vestirse y tenga que comer. Creo que es un excelente escondite. Ahora, al soltar algún esclavo, podemos enviarlo por ahí y cuando dejen de buscarlo puedo ir a la casa y darle dinero para seguir el vuelo y enseñarle cómo ir al quilombo más próximo.

A todos les gustó la idea. Después de hablar de otros temas, se despidieron. El grupo se reunió cada vez en un lugar cada tres meses. Preferían que fuera por la ciudad, en cuevas, en el bosque o en chozas abandonadas. Josías era el único que tenía el dinero que le había dado mi hijo, ropa ordinaria para usar cuando salió del convento para ir a las reuniones.

Lo acompañé al convento, luego fui a la casa encantada para advertirles de la visita:

– Camaradas, esto será un escondite para esclavos fugitivos. Mañana el señor Josías vendrá aquí a traer ropa y comida para que puedan alimentarse y vestirse mientras están aquí, hasta que puedan huir.

– Puede estar tranquilo, señor Lorenzo. No haremos nada contra el Sr. Josías y haremos todo lo posible para proteger a los negros que aquí vengan a esconderse.

Josías se fue temprano al día siguiente y lo acompañé, los esclavos desencarnados permanecieron tranquilos, solamente mirando.

Pasado un mes, José María iba a dar una clase cuando escuchó los comentarios en algunos estudiantes en el patio: ¡un negro era golpeado en el tronco en la plaza!

– ¡Recibirá, al amanecer, cien latigazos!

– ¿Cien? – Preguntó mi hijo asustado –. De seguro morirá. ¿Qué hizo por para merecer este castigo? – Uno de los estudiantes respondió:

– ¡Dicen que fue poco delicado con su siñá...!

– Que se metió con ella... – dijo otro.

José María estaba aprensivo. Dio la clase y se fue a su cuarto a pensar en lo que haría para ayudar al esclavo cautivo. Cuando escuchó la noticia fue por la tarde, ya estaba oscureciendo y quería encontrar una manera de liberarlo. Estaría encerrado toda la noche y solo castigado por la mañana. Mucha gente vería la flagelación. Mi hijo no podía hablar con ninguno de sus compañeros, y Josías estaba en la hacienda y tal vez ni siquiera se tendría conocimiento. Decidió actuar solo, planeando ir después de las dos de la mañana, habría una manera de inmovilizar al guardia y soltar al esclavo. No dormía, estaba ansioso, demasiado. A la hora que se puso, salió cautelosamente de la habitación y se dirigió al fondos del convento. Temí por él y lo seguí de cerca. Prefería verlo durmiendo, pero lo entendí, estaba haciendo lo correcto, más aun porque sabía el castigo era inmerecido. Fui a ver al esclavo en el tronco y leí sus pensamientos. Era inocente, por la intriga de su siñá iba a ser doblemente agraviado, porque, aunque se haya equivocado, a nadie se le cambia con violencia.

José María se puso la ropa que le había dado Josías y tomó la cuerda que estaba escondida en la habitación. En el patio, subió a un árbol y por él llegó al muro. El convento tenía paredes altas, pero él siempre lo hacía para salir, sin ser visto. Ataba una cuerda en una rama del árbol, lo tiraba al lado de fuera y bajaba. Escondió la cuerda entre las ramas y caminó hacia la plaza. Vio que el guardia estaba cerca del esclavo, así que buscó algo para desarmar al vigilante. Encontró un palo y, siempre con cuidado de no para ser visto, se acercó al guardia por detrás y con todas sus fuerzas lo golpeó o en la cabeza. El hombre se derrumbó. Rápidamente se acercó al esclavo amarrado y, mientras lo soltaba le dijo:

— Escapa y escóndete en la casa embrujada, la que está al lado de la gruta. Quédate quieto allí hasta que terminen las búsquedas. Alguien irá allí para ayudarte, él silbará tres veces, es un amigo que te dará instrucciones para que te vayas lejos. No le tengas miedo a la casa, no está embrujada. Esto fue un invento para que nadie vaya allí. ¡Ve con Dios! ¡Corre!

El liberto dijo con miedo y emoción:

— ¡Dios se lo pague! ¡Pagar!

Y corrió.

– ¡Correr también! – Le dije afligido a mi hijo.

Iba a correr, pero se preocupó por el pobre vigilante y se le acercó. para comprobar si estaba bien. El guardia se estaba despertando.

– ¡Bandido! – Exclamó enojado.

– ¡Corre, José María! ¡Corre! – Grité, entonces él corrió, el guardia disparó y acertó a mi hijo en el muslo derecho. Incluso herido continuó corriendo. Cuando se acercó al convento, notó que sangraba profusamente. Sacó su camisa y la enrolló alrededor de su pierna, evitando el sangrado. Fue al lugar donde había escondido la cuerda y cautelosamente entró en su habitación.

El guardia gritó y con los disparos despertó y alarmó a todos los habitantes de la ciudad. Los hombres se levantaron y fueron a buscar al bandido que había soltado el esclavo. Siguieron el rastro de sangre, y como terminó en la pared concluyeron que el bandido debería haber ingresado en el convento.

José María entró en su habitación, se amarró fuertemente la pierna, se cambió de ropa, escondió la cuerda, puso la ropa manchada de sangre debajo del colchón y fingió dormir.

Muchos hombres armados entraron al convento y con la orden del sacerdote superior rebuscaron todo. Llegaron a la habitación de José María.

– ¿Qué pasa? ¿Qué ocurrió? – Preguntó fingiendo haberse despertado.

– ¿No le dije que el padre José es un dormilón? – dijo Lenizo, que los acompañó.

Los hombres echaron un vistazo y se fueron. José María respiró aliviado. Cuándo todo estaba en silencio, se levantó, se desenrolló la camisa de la pierna y examinado el lesión. La bala ingresó por un lado y salió por el otro, pero no provocó fracturas.

Fui a la colonia a pedir ayuda y me acompañó un médico desencarnado a ayudar. José María lavó la herida, la desinfectó con aguardiente de una botella que había ganado hacía mucho tiempo y guardaba en el armario, y vendó la pierna de nuevo. El médico que me acompañaba me dio medicinas que yo deberían poner varias veces en agua que él tomaría.

– Lorenzo – dijo el médico –, ¡José María estará bien! Si me necesitas, llámame que vendré.

José María sintió mucho dolor, se levantó como siempre e hizo todo su servicio como si nada hubiera pasado, ni siquiera podía cojear o expresa tu dolor. Le pedí que no fuera a la escuela en la noche, me respondió y le dijo a Lenizo:

– Lenizo, no debo ir a clases nocturnas por unos días, reemplázame, por favor.

Lenizo se preocupó por él, pero no preguntó nada, entendió que él era el libertador del esclavo.

– ¿Te sientes mal?

– No, estoy bien, pero debo descansar un poco.

No solo Lenizo lo reemplazó cómo además lo ayudó en otras tareas del convento.

José María actuó como siempre y estuvo atento a los comentarios, que fueron muchos.

– El guardia – observó un estudiante – dijo que quien lo golpeó fue un tipo grande y fuerte.

– Pero estaba herido – dijo otro –. ¿Quién será? Debe ser alguien de otra ciudad. Aquí no ha aparecido nadie herido.

El hecho es que el sujeto desapareció y el negro también – dijo uno par el otro riendo.

José María se alegró, el esclavo había logrado huir.

El esclavo, al ser liberado, corrió y fue a la casa embrujada, temió, pero como prometieron los desencarnados que vagaban por allí, nada hicieron en su contra. Cuando terminaron los allanamientos, Josías fue allí, le llevó dinero y ropa y le enseñó el camino para ir al quilombo más cercano. El esclavo huyó con éxito.

Leonor vino a visitar a José María y le conté todo lo que había pasado. Ella se acercó a él, que a pesar del dolor intentaba dormir, y con mucho cariño le dio un pase que lo hizo dormir. La observé con curiosidad y pregunté:

– ¿Ustedes ya estuvieron juntos en otras existencias?

– Ya – respondió Leonor sonriente.

Hizo una pausa y le pedí con la mirada que me hablara de su conexión con él. Leonor me contestó.

– José María y yo siempre nos hemos querido bien, hemos encarnado muchas veces juntos como amigos, hermanos, tres encarnaciones fuimos marido y mujer. Vivimos muy felices, en una armonía que pocas parejas encarnadas consiguen tener. Sin embargo él desencarnó primero y yo no conseguí vivir sin él. Triste, angustiada, no quise luchar por la vida y fui languideciendo, anticipé la muerte de mi cuerpo. Él intentó ayudarme mostrando lo equivocada que estaba, pero no entendía. Otra vez nosotros regresamos juntos, yo era su madre en su última encarnación, aquella en la que él era el padre que lo ayudó. Otra vez no me conformé con su desencarnación, más aun cuando supo cuánto sufrió encarcelado y condenado por la Inquisición. Mi dolor fue grande, y de nuevo anticipé mi desencarnación con el desánimo, la tristeza y la añoranza.

En esa vez, fui yo quien desencarnó primero, sufrí al principio con la separación. Cansada de sufrir, por eso quise cambiar, con estudio entendí todo. Tuve que volver tres veces para aprender que el apego y el dolor son inseparables. La dimensión del dolor tiene exactamente el mismo tamaño del apego que tuvimos. La mayoría de nosotros tenemos un problema, nuestro conocimiento teórico no es lo suficientemente fuerte para efectuar un cambio real en nuestro estado interior. Saber teóricamente no es suficiente para que haya un conocimiento experimental. Tal vez por eso la vida nos da la oportunidad de que volvamos varias veces a las mismas situaciones, hasta que asimilemos la lección que nada nos pertenece en particular y por lo tanto no hay razón para el apego. Debemos amar a todos como un todo y a esto amor nosotros dedicar con toda la fuerza de nuestra alma, porque somos parte de este todo.

Lorenzo, para superar el apego, fue necesario perder varias veces al ser amado, hasta que aprendí a amar sin identificarme con el amado, amor sin tiempo espacio. Simplemente amor.

Leonor se quedó en silencio. La entendí. Cuidamos a José María, su herida sanó sin problemas y pronto estuvo bien. Dos meses después, cuando fue enviado a visitar al agricultor, logró llevar su ropa sucia de sangre, la que había usado cuando liberó al esclavo, y echarla en el río.

Todos evitaron pasar cerca de la casa embrujada y se convirtió en un excelente escondite.

TRAMAS DEL CONVENTO

Hicieron algunas modificaciones en el convento, que aun estaba siendo construido,

Lenizo volvió a compartir la habitación con José María. Los dos estaban trabajando mucho; mi hijo, preocupado por el grupo y Lenizo, distante. Nos dimos cuenta luego su aire distraído y melancólico. José María preguntó preocupado:

– ¿Qué te pasa, amigo mío? Estás distraído. ¿Puedo ¿ayudarte?

– No pasa nada especial, extraño mi casa, es solo eso.

Lenizo llevaba años alejado de su familia. José María fingió creerle, no quería ser indiscreto. Yo sabía lo que estaba pasando. Solo observándolo, vi que estaba pensando con mucho amor en una mujer joven. Estaba enamorado y era correspondido.

Lenizo enseñaba tres veces a la semana, por la tarde, a la hija de un rico hacendado de la región. Iba a la finca y de estas visitas los dos jóvenes se enamoraron. Fue un amor grande y honesto. El joven sacerdote no sabía qué hacer y vivía un gran conflicto: amaba a la joven María, era correspondido, pero amaba demasiado el sacerdocio, que al que se dedicaba hacía años con tanta devoción. Todo conflicto trae sufrimiento, y él sufría.

Unos días después, Lenizo llegó angustiado de la finca y pidió hablar con mi hijo. Fueron a la habitación y el joven sacerdote dijo preocupado:

– ¡Padre José, estoy enamorado! Siempre he tenido vocación al sacerdocio, o pensé que tenía. Dejé a mis padres, hermanos, familia, para seguir mi vocación y prometido a me mismo que sería un buen sacerdote. Aunque, cuando el padre superior me asignó para enseñar a la hija de un hacendado, lo hice de buena voluntad, solamente que Cupido nos mandó un flechazo. ¡Estamos enamorados! Mi conflicto es grande y estoy sufriendo mucho. No debo amarla como mujer y además sus padres nunca estarán de acuerdo, tienen planes para ella, la quieren casar con un hombre rico Hoy nos sorprendió el ama de llaves abrazados. Creo que fuimos descubiertos, ¿qué hago?

– ¡Cálmate, Lenizo! Déjame pensar en ello. Encontraremos la solución juntos. Ahora tengo que dar clases. Por la noche hablaremos.

Cuando terminó la clase, al salir del aula, José María vio al hacendado, el padre de María, la amada de Lenizo, abandonando el convento. parecía normal, despreocupado. Mi hijo le preguntó al empleado que estaba frente al convento:

– ¿Qué es lo que el señor vino a hacer aquí a esta hora?

– Vino a ver al Padre superior. Llegó nervioso, enojado y se va tranquilo. No sé qué hablaron...

Mi hijo sospechó que algo iba a pasar y fue a buscar a Lenizo y, después de media hora se encontraron en su habitación.

– Padre José – dijo el joven sacerdote – Regreso de la oficina del sacerdote superior, me llamó para hablar. El padre de María vino aquí a quejarse de mí con él. El ama de llaves, como predijimos, le contó todo, que nos vio abrazados.

Lenizo guardó silencio un momento, se sentó, se desabrochó la sotana a la altura del cuello, y luego continuó a hablar, pasándose la mano por el estómago.

– El Padre superior me pidió que no viera a María por un tiempo, me dijo que pedirá al Papa mi dispensa del sacerdocio. El padre de María no quiere a su hija involucrada con un sacerdote. Pero creo que con pobre y...

José María escuchó con la cabeza baja, encontrando extraña la actitud del superior. Estaba seguro que iba a despotricar, castigar a Lenizo. Como el joven sacerdote volvió a callarse, lo miramos. Estábamos aterrorizados de verlo, estaba rojo, transpirando, la pasaba mal. Mi hijo preguntó:

– ¿Estás seguro que el superior no te trató mal?

– Me trató con amabilidad – respondió Lenizo con dificultad –. Incluso me ofreció un licor.

José María abrió los ojos.

– ¿Licor? ¿Veneno? ¿Tú tomaste un veneno?

– ¡No! Nunca iría me suicidaría... ¡Me siento mal! ¡Qué dolor!

José María lo ayudó a quitarse la sotana, le dio agua y lo obligó a vomitar.

– Voy a buscar ayuda!

Abrió los puerta y Lenizo pidió:

– No me dejes solo, quiero confesarme. Un cura pasaba por el pasillo y mi hijo le pidió:

– Padre Marcos, corra a buscar al padre Alfonso. Ve a la cocina y trae mucha leche. ¡El padre Lenizo se siente enfermo! ¡Correr, por favor!

Sacerdote marcos se apagó apresurado. lino tomó firma en mano en José María.

– Absuélveme de mis pecados! Amé a una mujer y juré lealtad a Iglesia. Pero mi amor fue casto. Yo...

Pensando que no debería escuchar una confesión, salí al pasillo, me concentré y llamé al médico de la Colonia que me había ayudado cuando mi hijo resultó herido. Llegó pronto y entramos en la habitación. Lenizo tomó su mano en José María y habló con dificultad, la sangre brotaba de sus labios.

– Padre José, si logra hablar con María, dígale que la amaba mucho, pero le toca a ella seguir viviendo y aceptar con resignación nuestra separación. Creo, amigo mío, que no nacimos para estar juntos.

Mi amigo médico lo examinó y concluyó:

– ¡Fue envenenado!

Llegaron el padre Marcos y el padre Alfonso. Éste tenía algún conocimiento de medicina y se puso a examinar a Lenizo, que ya agonizaba.

– ¡Está moribundo! ¡No tengo cómo ayudarlo! – Exclamó el padre Alfonso.

El médico de la Colonia confirmó:

- De hecho, Lenizo está desencarnando. Pediré a los rescatistas que vengan a ayudarlo.
- Los rescatistas no tardaron mucho, llegaron dos espíritus, entraron en el habitación, le dieron un pase a Lenizo, que se fue calmando.

Dos ayudantes de la cocina llegaron con la leche que el padre Alfonso había pedido:

– ¡Para qué es eso? El padre Lenizo está por tener un ataque al corazón.

– Fue el padre José María que la pidió – respondió padre Marcos.

El padre Alfonso miró con severidad a José María y yo intervine, le pedí mentalmente para que mi hijo respondiera lo que yo pensaba que era apropiado en ese momento. Él me contestó.

– Es que pensé que la leche es buena para todo...

– Efectivamente es bueno, pero no para el padre Lenizo en este momento. Más te vale darle la extremaunción.

El padre Marcos se lo dio, José María los miró, oró con fe, pidió Dios ayude al amigo. Lenizo expiró, murió su cuerpo físico. Los dos rescatistas y el médico pusieron a dormir su cuerpo periespiritual, realizaron la desconexión y lo llevaron a la Colonia.

Se tomaron medidas, el padre Marcos limpió el cadáver y lo vistió, lo llevaron a la capilla para ser velado. José María estaba callado mirando. Lamentó mucho la muerte de su amigo y más aun el suceso: Lenizo fue asesinado, envenenado por el sacerdote superior, y el padre Alfonso ciertamente lo sabía y se omitió.

– "¿Debo omitirme también? ¿Qué actitud debo tomar? – se preguntó –. ¿Qué debo hacer?"

El funeral fue el otro día a las doce. El sacerdote superior celebró la misa y encomendó el cuerpo. Estaba tan tranquilo como siempre y la muerte de Lenizo se dio como una enfermedad repentina, tal vez alguna enfermedad del corazón. Si alguien sospechoso, guardó silencio. José María tenía certeza que el superior lo envenenó. Sabía que tenía viales de venenos. Él era alemán y en Europa, en algunos lugares, eso ya había ocurrido.

Mi hijo, en su encarnación anterior, también como sacerdote, había sido testigo y había sabido de aquellos hechos y sintió en este que es eso sucedió.

Sintió más lástima por el superior y decidió ayudarlo: hablaría con él advirtiéndote de su error. Pero éste no quiso hablar y evitó a mi hijo.

El padre superior estuvo siempre acompañado por dos entidades. Uno era alemán y el otro, un ex esclavo, y era con éste que hablé:

– Señor Lorenzo – dijo – ¡no interfiera! Tú y el padre José no tienen nada que ayudar a este monstruo. Soy parte de un grupo, somos muchos que lo odiamos y yo estoy aquí para verlo, anotar todo lo que hace, estamos esperando los hora cierto para vengarnos.

– ¿Y el otro? – Pregunté.

– Es su amigo, ¡lo protege! Son afines, son similares.

José María aprovechó cada oportunidad para compartir las enseñanzas de Jesús al superior, que se las sabía de memoria, pero no las experimentaba. Traté de averiguar qué sucedió realmente. El padre de María vino a quejarse de Lenizo, exigió que desaparezca de allí, que sea trasladado y que no volviera más a su casa, amenazando con no ayudar más a la Iglesia si eso sucedía. El superior pensó que la mejor manera de resolver el problema sería que el joven sacerdote muriese, así ensuciaría el buen nombre del convento, ya que sentía que Lenizo no iba a renunciar a María y que de verdad se amaban. Decidió eliminar el mal por la raíz.

El espíritu del alemán que lo acompañaba era como el sacerdote superior: pensaban de la misma manera, se deleitaban en comer y beber juntos. Después de algunos intentos de José María, se acercó a mí y dijo autoritario.

– Evita que tu protegido le diga tonterías a mi amigo. ¡No lo quiero cerca! Si continua, ¡serás responsable!

Amenazó y permaneció mirándome, sonriendo cínicamente.

– Señores – dije cortésmente –, ustedes viven de la manera equivocada y nosotros solo estamos tratando de alertarlos.

– ¿Manera equivocada? ¡Defendemos nuestra Iglesia! Aquí no debe haber lugar para los sacerdotes infieles. ¡El padre Lenizo quería abandonar la Iglesia para intentar casarse con una mujer! ¡Cambiar a la Iglesia por un ser inferior! No podíamos correr el riesgo de un escándalo.

– Violando un mandamiento. ¡No matarás! – Le dije.

– ¡Por cada obra noble hay un precio! No violamos nada. Todo es válido por el bien de la Iglesia, fui sacerdote superior y ahora ayudo a este a ser responsable. Es un aviso: ¡no se metan!

Durante la cena, José María chocó contra un vaso y lo derramó sobre la mesa.

– El padre José – dijo el sacerdote superior – es torpe e inquieto. Vaya a su habitación sin cenar y pase tres días sin comer para aprender a ser más atento.

Mi hijo se levantó y se fue, el espíritu del alemán me miró desafiante.

El ex esclavo, que vigilaba a los dos, vino a hablar conmigo:

– Señor Lorenzo, trate de evitar que el Padre José se involucre con estos dos. ¡Son malos!

– ¿Ellos no merecen ayuda? ¿No son enfermos que necesitan de un médico?

– Cuando nos sentimos enfermos, Sr. Lorenzo, es que queremos un médico, pero ellos no se sienten necesitados. ¿Cómo van a ayudarlos? Tampoco queremos su ayuda, pero te respetamos y no queremos que te involucres en este tema. Todo pasa y estos dos tendrán la parte que les corresponde. ¿Ha tenido noticias del padre Lenizo? Él también fue su víctima y puede querer vengarse.

No contesté. Estaba preocupado por el castigo de mi hijo, estaba delgado y débil, se sintió hambriento, pero no se quejó.

Fui a visitar a Lenizo a la Colonia, estaba bien. Me presenté explicando quién era y me recibió calurosamente. Había perdonado de corazón, solo que se sintió constreñido y avergonzado. No quería haberse enamorado.

– Padre Lenizo – le dije – no se sienta así. ¡No fue su culpa!

– Me siento responsable de María. Aunque no teníamos la intención de conquistarnos, el amor nos unió. Debería haberlo evitado, pedido ya no ir más allí, pero lo seguía postergando, no tenía fuerzas, solo quería verla. ¡Terminé haciéndola sufrir!

– Quizás sea un reencuentro del pasado – le dije.

– No, le pregunté eso a uno de mis instructores y se aseguró. María y yo no somos afectos del pasado, nunca reencarnamos juntos.

– ¿No reencarnamos para aprender a amar? ¿Hacer afectos? – dije intentando anímalo –. Ustedes dos tenían mucho en común. María, oprimida por los padres, por la sociedad, tuvo entendimiento en ti, no te trató como un ser inferior. Tú entraste al sacerdocio muy joven, quizás no era eso lo que realmente querías. Necesitados, con afinidades y con las mismas ideas, se enamoraron.

– Gracias por tus palabras. Pero siento al padre José preocupado. ¿Qué pasa con él?

– Sabe que te asesinaron y no sabe qué hacer al respecto. No quiere quedar omiso. Por intentar ayudar al padre superior a no errar más, está en castigo sin si alimento por tres días.

– Me gustaría hablar con él. O mejor dicho, ahora no sé si esto es posible, pero míralo. Se alegrará de saber que he perdonado y que no guardo rencor.

Uno de sus instructores que estuvo presente y escuchó nuestra conversación opinó:

– Se le permite, padre Lenizo, visitarlo. Lorenzo te puede llevar y traerte. ¡Ve a ver a tu amigo!

Traje a Lenizo, era de noche, José María estaba listo para dormir, Estaba cansado. Con la desencarnación de su amigo, había asumido todos los trabajo en la escuela de los pobres por la noche. Sintió la presencia de Lenizo. Los dos hablaron mentalmente, se entendieron. Su amistad era pura, desinteresada y el uno preocupado por el otro, con el fin de ayudarse mutuamente, ambos querían el bienestar del otro y había una intercambio que era más sentido que verbal, era entendido.

– "Padre Lenizo, ¿eres tú? ¿Estás bien amigo?"

– "¡Estoy bien! Solo vine a agradecerte y pedirte que no te preocupes por mí. ¡Lo siento, amigo! El perdón desata los nudos de la animosidad. ¡Perdoné! ¡Necesito tanto de perdón!"

– "¡Si has perdonado a otros, perdónate a ti mismo! – dijo mi hijo –. ¡Perdónate a ti mismo!"

Lenizo sonrió, el amigo lo estaba siempre ayudando, entendería lo que le pasaba. Sí, era necesario perdonarse a sí mismo. Lo iba a intentar, era necesario. Le respondió con afecto:

– "Padre José, ¡te lo agradezco! ¡Gracias!"

– "Me alegra saber que estás bien – respondió José María."

– "No te involucres con el padre superior" – dijo Lenizo.

– "Vamos a amarlo. Nuestras vibraciones le ayudarán. Él cree, tiene la certeza que actuó correctamente."

– "¡Pero tengo que advertirle! – Exclamó mi hijo –. Ya pensé en escribirle al Obispo, pero no puedo probarlo y no tengo buena reputación con las autoridades de la Iglesia. ¡Soy un revolucionario!"

– "¡No se exponga, padre José! ¡Cuidado!"

– "¡Gracias por visitarme! Ven siempre que puedas. Empieza una nueva vida y, como perdonas a los demás, no olvides ser amable contigo mismo. Vete en paz, amigo, sé útil donde estés."

El padre Lenizo lo abrazó y lloró de emoción. Regresamos a la Colonia y, después de dejarlo, volví a estar cerca de mis hijo.

Supimos que María se iba a casar. Mi hijo quería darle el mensaje, pero aun no había tenido la oportunidad. Pero vino esta: María con su madre y cuñadas vinieron a confesare. José María, desobedeciendo las órdenes del superior, como estaba prohibido de atender a los ricos, entró rápidamente en el confesionario para confesarlas, y cuando María se arrodilló, le di el mensaje:

– María, el padre Lenizo murió en mis brazos. Preguntó que si había oportunidad, te dijera que te amaba mucho y por eso te quiere feliz. Tú, hija, debes olvidarlo y hacer todo para estar bien.

– ¡Gracias, padre José! Sé que era amigo de Lenizo, siempre me hablaba con cariño de usted. Estoy sufrimiento sin él, ya pensé hasta en morir, en suicidarme, pero tengo miedo. Lo amaba y lo sigo amando, no creo que lo haya olvidado. Quería ir al convento, pero mi padre no me dejaba. Me voy a casar y no amo a mi futuro esposo.

– ¡No pienses en morir, hija! El suicidio es un pecado grave. Después irás a morir por nada, porque no permanecerás con Lenizo.

– Si hago eso sé que iré al infierno. ¡Lenizo debe estar en el cielo!

– Es más o menos eso – dijo José María –. Lenizo está bien y quien se suicida pasa por períodos difíciles y por lo general está lejos de sus seres queridos. ¡Olvídalo, María! Cásate y trata de amar a tu esposo. Cuando seas madre sentirás el amor maternal que te hará olvidar todo esto. ¡Vive, hija! ¡Y sé feliz!

María fue más consolada, pero por desobediencia, José María fue prohibido comer con los otros sacerdotes en el refectorio. Debería comer en la cocina con los sirvientes y esclavos. Él no pensó que eso fuese malo, solo que comía menos, porque siempre estaba dando parte de sus alimentos a alguien. Y allí en la cocina había muchas oportunidades para conversar con esclavos y sirvientes, ayudándoles con consejos y sugerencias.

María se casó y a José María se le impidió ver la ceremonia, pero rezó mucho para que ella fuera feliz.

Lenizo se adaptó rápidamente a la vida de desencarnado, se fue a estudiar y pronto estaba siendo útil. Se perdonó a sí mismo. Lo difícil no es perdonar a los demás, sino perdonarnos a nosotros mismos, pero es importante perdonarnos y empezar con firmeza y esperanza a reparar nuestros errores.

El sacerdote superior comenzó a evitar a José María. Antes se encontraban en el comedor, ahora se veían pocas veces y cuando lo hacían solo lo saludó no se dirigió más a él ni para darle órdenes. Entonces José María ya no pudo orientarlo, o mejor dicho, tratar de hacerlo comprender que actuaba incorrectamente.

Siempre hablaba con el ex esclavo que vigilaba al superior, fui hasta su grupo para visitarlos. El grupo era de los vengadores y los maestros vinieron de Europa fundaron algunas escuelas en el Umbral. Me recibieron bien y dejaron en claro que no aceptaban mi ideas y debía hacer mi parte, mi trabajo, sin molestarlos, y el jefe me previno:

– No nos gusta el padre José ni sus acciones, pero lo respetamos. ¡También reconocemos que es un gran hombre y valiente! Él lucha con otras armas y nosotros usamos las mismas que nuestros enemigos. ¡No interfieras!

Me sentí derrotado y triste. Fui a la Colonia a pedir consejo. Lo escuché de un instructor:

– Lorenzo, valió la pena tratar de ayudar a estos vengadores. Pero querido, tenemos nuestro libre albedrío, nosotros y ellos hacemos de esa libertad lo que queremos, solo que todo queda registrado dentro de cada uno. Sabemos de esas reuniones. Cuando los inmigrantes encarnados llegaron a estas tierras, vinieron también los desencarnados y se asentaron aquí. Los buenos empezaron a construir, otros fueron al Umbral a organizar lugares para establecerse y muchos vinieron tras sus verdugos. No debes interferir, ayúdalos si vienen a ti. No te sientas triste. Ámalos, el amor cancela el odio.

Regresé a José María y lo motivé a continuar su trabajo en la escuela de los pobres. Y también se quedó en el grupo abolicionista. Un día el desencarnado que vigilaba al sacerdote superior vino buscarme.

– ¡Señor Lorenzo, estoy angustiado! Quiero ayudar a mi hija encarnada y no saber cómo. Mi grupo no tiene cómo ayudarla.

– Habla, amigo – le dije –, si puedo, la ayudaré con gusto.

– Ella es una esclava en la hacienda Santa Teresa, que está cerca. Mi hija ama a otro esclavo, es amada, pero el amo tiene otros planes para ella, la quiere como amante. Está sufriendo mucho y tiene miedo. Están planeando huir, pero si no tienen a dónde ir, les irá mal. Tú que ayudas a los fugitivos, ¿no puedes ayudarles?

Me dio todos los datos. Traté de transmitir esto a mi hijo. ¡No es fácil! Hablé con él muchas veces, me prestó atención, pero no pude transmitirle y ni siquiera él capta todos los detalles, sino la idea, los hechos principales.

Tres días luego el grupo se reunió y José María les dijo:

– En la hacienda Santa Teresa, hay un par de esclavos que quieren huir. ¿Será que no podemos ayudarles?

– ¿Cómo se llaman? ¿Quiénes son ellos? – Preguntó uno del grupo.

– ¡No sé! – Respondió mi hijo –. Parece que el hacendado está molestando a la muchachita.

– Conozco a ese hombre – dijo Josías –. Este agricultor por lo general tiene a las jóvenes esclavas como amantes. Pero ¿cómo ayudarles?

– Mi cuñado es capataz allí – dijo Firmindo –. No es parte de nuestro grupo por miedo, pero tener ideas abolicionistas. Quizás él pueda ayudarnos.

– Pídele que nos ayude – dijo Josías –, para organizar el escape este sábado los noche, y avísales para que se dirijan a la Piedra Redonda.

– ¿Por qué allí? – Preguntó uno de ellos.

– Estaré allí y les indicaré a dónde deben ir – respondió Josías –. Es arriesgado hablar con alguien sobre la casa embrujada. La Piedra Redonda es un sendero y todos saben dónde queda. Estaré allí, no dejaré que me vean, les mostraré el camino y les explicaré qué hacer. Actuarán como el otro esclavo, permanecerán allí hasta que termine la búsqueda y después se irán para el quilombo.

– ¿Y si no pueden escapar este sábado? – Preguntó nuevamente Firmindo.

– Que lo hagan el siguiente – respondió Josías.

– ¿Y si mi cuñado no se quiere involucrar? – Preguntó otra vez.

– Pregúntale, dile que el grupo le debe este favor – respondió Josías –. Pero llévale este dinero. Tal vez lo haga por esto.

La reunión terminó. Seguí las negociaciones. El capataz aceptó el dinero, le dio el mensaje a los dos jóvenes amantes, que el sábado por la noche se dieron a la fuga. Josías los estaba esperando, les habló sobre la casa. Los dos tenían miedo, pero se fueron, y los desencarnados que estaban allí no los persiguieron, incluso trataron de ayudar. Días después, tras la Las recomendaciones de Josías, se fueron al quilombo y tuvieron un escape más con éxito.

El padre de la esclava, el vigilante desencarnado del sacerdote superior, vino a mí. Agradeció:

– Gracias Señor. ¡Lorenzo! ¡Dios les pague!

Nos hicimos amigos y terminé por convencerlo de olvidar las heridas, perdonar y aceptar una ayuda, así lo hizo. Aunque otro vino de la organización, del grupo de los vengadores, para reemplazarlo con a mensaje para mí.

– Nuestro jefe mandó decirle que no debe interferir en nuestros asuntos. No queremos conversación con usted, no responderé cuando se dirija a mí. Haga su trabajo y que nosotros haremos el nuestro.

Este realmente actuó así, no se quedó cerca de mí, ni me respondió los saludos y continuó atento a su trabajo.

José María continuó trabajando duro y era cada vez más amigo de los pobres y esclavos, que lo amaban y correspondían con cariño el amor que él les dedicaba los todos aun por varios años.

EL GRUPO SE DESINTEGRA

Fue difícil organizar todo. Como iba bien, el padre superior lo dejó encargado de cuidar a los empleados y esclavos, y éstos eran bien tratados y, aun sin que a congregación quisiese, servía de ejemplo, de buen ejemplo. Los sirvientes y esclavos bien alimentados y sin malos tratos producían más, porque trabajaban contentos.

José María enseñaba poco en la escuela, enseñaba a los chicos con menos edad, era un gran maestro y a los niños les gustaba, incluso más tarde, varios años académicos después, siempre lo buscaban para que los ayudara en algunos asuntos. Les enseñó con mucho gusto y cariño. Iba a la escuela tres veces a la semana por la noche. Incluso cansado lo hacía contento y enseñando a los pobre, los que no pudieron pagar para aprender.

Había una viuda rica que quería mucho a mi hijo y exigió que él viniera a su finca una vez al mes a confesarla. Como fue generosa con su limosna al convento, el sacerdote superior le permitió ir. Está señora preparado delicioso aperitivos y lo hizo comer.

– Coma, padre José – dijo suavemente –. Necesitas alimento. ¡Estás muy delgado!

Charlaron amigablemente, mi hijo le advirtió de la igualdad entre hijos del mismo Dios.

– Padre José – dijo un día – ¿por qué Dios si es el padre de los negros por qué los deja ser esclavos? ¿Por qué Él los castiga?

– ¿Es Dios, el Padre Amoroso, quien castiga? ¿O somos nosotros mismos los que trazamos nuestro destino? Creo que Dios es Misericordioso y nosotros también deberíamos serlo. Él nos ama y debemos amarnos unos a otros. El porqué de muchas cosas, no puedo explicar. ¡Dios es justo! No debe condenar a nadie al infierno eterno, nos debe enviar de regreso a la tierra cuantas veces sea necesario para que aprendamos.

La señora no entendía bien, pero se puso a pensar en lo que le gustaría haría si fuera negra y esclava. Dio una carta de manumisión a todos sus esclavos. Hubo confusión. Sus herederos pensaron que estaba mal y culparon a José María, concluyeron que fue él quien indujo a la rica dama a tomar esta actitud.

La señora lo defendió, les dijo a todos que la idea fue de ella, pero nadie le creía. En visita ella le dijo a mi hijo:

– Padre José, espero no haberle causado ningún problema. Hice lo que pensé era lo mejor.

– ¡Fue un lindo gesto de su parte! No preste atención a las críticas o comentarios. Actuó de acuerdo a su conciencia y los actos generosos no son entendidos por muchos. ¡Me alegro por tenerla como amiga! Me enorgullece su gesto.

– ¡Mi consuelo – dijo – es que ni siquiera Jesús agradó a todos! Todo pasa, nosotros, ellos y la esclavitud. Pronto olvidarán mi gesto.

Muchos de los ex esclavos, los libertos, permanecieron como empleados en la hacienda de esta señora, pero otros se fueron con ganas de disfrutar de su libertad y la confusión empeoró. No pudieron encontrar trabajo, comenzaron a pasar hambre y a ser acusados de robos y disturbios, y realmente muchos lo hicieron.

La ciudad estaba en alerta, José María tuvo que intervenir. Consiguió trabajo para unos, aconsejó a otros que volvieran a la finca y a otros que salieran.

Nos entristeció, vimos que no bastaba ser liberado, había que saber actuar con libertad, que no bastaba con liberar a los esclavos, tenían que darles un medio para sobrevivir dignamente.

El grupo abolicionista molestó a la élite de la época. Los esclavistas de región estaban inquietos y atentos.

Se estaban realizando muchas fugas sin dejar rastro y se empeñaron en acabar con el grupo.

A esa noche habría reunión, ellos se iban a reunir en un claro en el bosque. Bonito lugar, no lejos de la ciudad, donde había un arroyo con una hermosa cascada.

José María tuvo un día ajetreado, con muchos problemas en el trabajo, estaba ayudando a resolverlos.

Después de la clase de la tarde, se fue a su habitación y se preparó para irse a la reunión. A la hora señalada, la una de la madrugada, salió con cautela del cuarto, lo seguí. Hizo todo como siempre: trepó al árbol, ató la cuerda en la rama, bajó cerca de la pared, escondió la cuerda y caminó apresurado. No había nadie en la calle, llegó rápidamente al lugar de reunión. Pronto llegaron sus compañeros y vino un ex esclavo desencarnado angustiado de advertirme, o advertirnos, porque no fui el único desencarnado, otros acompañaban al grupo tratando de ayudar.

– ¡Amigos! – dijo el esclavo nervioso –. ¡Nos traicionaron! Firmindo, por dinero, denunció el grupo y se prepara una emboscada. ¡Arrestarán a todos!

Comprobamos que decía la verdad, muchos hombres armados rodearon el lugar. Intentamos alertarlos. acercarse a José María.

– "Hijo, ¿dónde está Firmindo? ¡No vino! ¡Los traicionó! ¡Fueron descubiertos! ¡Presten atención, huyan de prisa!"

José María permaneció inquieto y él dijo a sus compañeros:

– ¡Tengo una sensación extraña! ¡Creo que nos han descubierto! ¡Es mejor posponer los reunión!

– También estoy inquieto – dijo otro –. Estoy temeroso.

– ¿Y Firmindo? ¿Por qué no vino? – Preguntó otro.

– ¡Déjate de tonterías! – Exclamó Josías –. En cada encuentro alguien tiene este miedo. No pasará nada malo. Firmindo debe haber tenido problemas o él debe estar tarde. Vamos a nuestro asunto...

Oyeron un ruido.

– ¿Será Firmindo? – Preguntó uno del grupo.

– "José María – insistí –, fuiste descubierto. ¡Corre, fueron traicionados!"

Dudó, pensó que tal vez la sensación de peligro se debía a que estaba con miedo, yo insistí y otros desencarnados intentaron también alertarlos.

Estas situaciones son muy difíciles para nosotros los desencarnados. Vimos el grupo armado rodeándolos, vinieron cuidadosamente a tenderles una emboscada, con la intención de matar o arrestar. Pedí ayuda a los amigos de la Colonia, pero recibí la respuesta que no tenían cómo interferir.

Mi hijo terminó por hablar:

– Lo siento, amigos, pero creo que nos han descubierto. Hemos terminado con la reunión, si no pasa nada, se programará para otro día. ¡Dispersémonos! ¡Rápido! Algunos corrieron y escucharon un disparo. El grupo se disolvió rápidamente, pero estaban rodeados. Me quedé al lado de José María, que no se asustó e intentó proteger a los amigos. Fue arrestado por dos hombres e inmovilizado.

Algunos de sus compañeros estaban armados y se intercambiaron disparos. Dos de los suyos cayeron heridos mortalmente y uno del otro grupo también.

Encendieron una antorcha, uno de ellos, un hacendado local que encabezó el grupo, iluminó los rostros de los prisioneros. Seis fueron capturados. En el grupo fueron once: Firmindo, que no vino, dos que allí murieron, seis que fueron prisioneros y dos que huyeron.

El hacendado estaba mirando uno a uno, al parar a ver a Josías, exclamó entusiasmado:

– ¡Pues mira eso, el mujeriego Josías! ¿Quién hubiera pensado que este petimetre sería un abolicionista. ¡Matará a sus padres de dolor! ¿Padre José? ¡No es posible! ¿Realmente es usted?

Se asombró cuando iluminó el rostro de mi hijo.

– ¡Sí es! – Dijo uno de ellos –. Es el sacerdote, aunque está vestido con ropa común, es el sacerdote. ¡Sé que es él!

– Lleva a los prisioneros a mi hacienda. Arréstenlos en la senzala, donde dejé que los esclavos se escaparan. A excepción de Josías, soy amigo de su padre. Voy a llevarlo a su casa. Tampoco te lleves al cura, lo dejaremos en el convento, se daré al padre superior. No me gusta meterme con los sacerdotes. ¡Debes dar mala suerte matarlos!

José María escuchó en silencio, cuando el hacendado terminó de hablar, él dijo:

– ¡Soy el líder del grupo! De hecho, no hay grupo, solo soy yo. los invité para que vengan y se alíen conmigo. Nunca vinieron antes. Somos solo yo y los dos que fallecieron.

Ellos se rieron.

– ¿Quieres que creamos que eres un héroe solo? – Dijo el hacendado con ironía –. Sabemos que son diez u once y cómo actúan. ¿Crees que soy un tonto? ¿Crees que un flaco cura hizo estas escapadas solo? ¡Vamos de aquí!

Unos hombres llevaron a los cuatro prisioneros a la hacienda. Otros se quedaron con Josías, y el hacendado con otros dos llevaron a José María al convento. Hicieron mucho ruido, golpearon la puerta y gritaron llamando al superior. Despertaron a todos y el superior vino apresurado.

– La bendición, padre superior – dijo el hacendado.

– ¿Acabamos o estamos acabando con el grupo abolicionista que estaba haciendo ruidos en la región, haciendo de nosotros, dueños de esclavos, caer en el ridículo.

Entre ellos, imagínate, encontramos a un cura de aquí. Con respecto a la religión y a ti, no le hicimos nada, lo trajimos preso. Espero que hagas arreglos, porque no toleraré verlo suelto por ahí. ¿Estás horrorizado? ¡Mira por ti mismo! ¿No es el padre José? Bueno, ¡aquí está! Vamos, tenemos mucho que hacer. Oh, hay más, dijo ser el líder del grupo, si lo es, no sé, nuestro denunciante no dio nombres. Uno de ellos el traicionero, recibió una buena cantidad de dinero, pero no lo disfrutará se rio cínicamente. ¡Buenas noches!

– ¡Buenas noches!

Eso fue todo lo que el superior pudo decir. Se despertó con el alboroto, se asustó y se asustó aun más al escuchar al hacendado, solo se logró mover la cabeza. El hacendado se retiró con sus hombres.

El superior se rascó la cabeza y suspiró. Los sacerdotes, todos del convento, estaban allí, despiertos, vinieron a ver lo que estaba pasando. El alemán desencarnado estaba atento, y el ex esclavo preocupado. Yo intentando mantener la calma y José María estaba tranquilo.

– ¡Miserable! – Exclamó al fin el superior –. ¡Nos avergüenzas! Tener que escuchar los insultos de este grosero hacendado. Y lo peor es que él tiene razón. El lugar de un sacerdote está en la iglesia y no defiende a estos negros sucios. Ustedes dos – señaló a dos sacerdotes – agárrenlo de cada brazo. ¡Le daré la lección que se merece!

Tomó el látigo que colgaba detrás de la puerta y azotó a José María en la espalda. Esta actitud sorprendió a todos, incluso al alemán, y le pregunté a él:

– ¡Por favor, detenlo! ¿Yo? ¡Por supuesto que no!

Me quedé detrás de él. Pero los latigazos, el látigo, me pasaron sin hacerme y fue duro sobre su espalda. Mi hijo no se movió, ambos no necesitaban sujetarlo, pero cuando el látigo cortó su carne, tenían que sostenerlo. José María se mareó y se desmayó. El superior se detuvo y ordenó rápidamente:

– ¡Llévenlo al sótano y déjenlo allí!

Yo sufrí mucho. Cómo es triste ver gente que nos amamos sufrir injustamente. Pero recordé las enseñanzas de uno de mis instructores: "Antes de ser inmerecido el castigo, recíbelo inocentemente, que ser culpable." Quise haber recibido los latigazos en su lugar, sufrir por él. José María mantuvo la calma, contuvo los gemidos, en su mente vinieron las escenas de la flagelo de Jesús. Él también fue azotado. Mi hijo sabía que era peligroso ser abolicionista, se arriesgó. Solo estaba preocupado por sus compañeros y pidió ayuda a Dios por ellos, pero no para sí mismo.

Los sacerdotes lo llevaron al sótano, abrieron la puerta y lo lanzaron. En la caída, cayó sobre su pierna derecha y se la rompió. Nuevamente perdió los sentidos. Cerraron la puerta y quedó en completa oscuridad. llamé por el doctor mi amigo. Vino y aplicó una medicina que tomó un poco de esfuerzo. Él despertó.

– Es necesario, Lorenzo, que se vende la pierna antes que se hinche.

– "José María, hijo mío – le dije cariñosamente – quítate la camisa, y con lo que queda de ella, véndate la pierna."

Se sentó y me contestó. Con dificultad se quitó la camisa hecha jirones y toda sucia de sangre y se vendó la pierna.

Jadeaba, yacía en el suelo boca abajo, nuestro amigo médico le dio un pase y él se quedó dormido.

– Está gravemente herido, necesita agua y cuidados. ¡Lorenzo, cálmate, si! Inquieto no vas a ayudar. Volveré a verlo.

Fueron días terribles. El padre superior no dejó que nadie lo ayudara. solo le dio agua. Sufría mucho y tenía una fiebre que lo hacía delirar. Me quedé a su lado, como también vinieron a verlo muchos amigos desencarnados. Solo con la orden del sacerdote superior sería puesto en libertad, traté de hacer el salir del castigo. José María no resistiría por mucho tiempo, débil, con fiebre alta y sin comida, tirado en el húmedo y frío sótano que solo tenido una escasa claridad durante el día. Pedí humildemente al alemán.

-   No tenemos ninguna razón para ayudarlos. Deberían haber estado callados en lugar de ayudar a esos seres asquerosos.

El grupo de vengadores no quería interferir. Oré por ayuda, luego vino un espíritu que se presentó a nosotros: soy cardenal, fui un cardenal y como superior me debes obediencia. Vine aquí para que liberes al padre José.

Miró al alemán, que estaba encantado de verlo, luego sospechó, pero permaneció todavía escuchándolo

– Sabes que estás equivocado. Ya has sido advertido varias veces. Has oído consejo y ambos continuaron haciendo el mal. Quiero que hables con el superior, que él libere y le ofrezca cuidado a esta sacerdote.

El alemán desencarnado temía, allí estaba uno de sus superiores, sin mucho voluntad, obedeció. Se acercó al padre superior y susurró a su oído, aunque lo escuchamos.

– "Es mejor dejar en libertad al padre José y cuidarlo, de lo contrario se morirá."

– "¡Que muera! – pensó el superior –. Ni la congregación ni el convento perderá gran cosa."

El alemán se inquietó al ver este espíritu e insistió:

-    "Suéltalo y cuídalo, ¡ya!"

En el mismo momento respondió el sacerdote superior, demostrando cuánto los dos actuaron juntos. Es por eso que este espíritu que vino a ayudarnos ordenó que el alemán dé la orden al padre superior. Sabíamos que tenía influencia sobre ambos. Sin dudarlo, como si hubiera resuelto un problema, el superior llamó a un sacerdote y le dio la orden:

– Ve al sótano y ayuda a ese desafortunado padre José. Busca al padre Alfonso para que se encargue de él.

Suspiré aliviado y agradecí la interferencia de este amable espíritu.

El sacerdote se apresuró a cumplir la orden, llamó a dos esclavos y se fue al sótano. Se estremecieron de lástima al ver a José María, lo levantaron con cuidado y lo llevaron al dormitorio. Le dieron leche caliente y un baño y llamaron padre Alfonso para cuidarlo. El padre Alfonso y los dos esclavos limpiaron cuidadosamente las heridas y volvió a vendar su pierna. Lo dejaron en su cama.

TAREA TERMINADA

José María, durante esos cinco días que estuvo en el sótano, no se quejó. Ahora en su cama dio gracias a Dios, se sintió cómodo y la fiebre bajó. Se le asignó un esclavo para que lo cuidara y lo hizo con mucho cariño. Estaba débil, flaco y ni siquiera podía sentarse por sí mismo, pero su preocupación todavía era con sus compañeros. Le pidió al esclavo que se encargaba de él:

— Amancio, ¿sabes lo que pasó con los demás, con mis compañeros?

— Tres fueron asesinados esa noche – respondió el esclavo –, dos de sus compañeros y uno del grupo de hacendados. Josías partió para Río de Janeiro a instancias del padre. Hay dos prisioneros y dos muertos en la senzala para donde los llevaron, dicen que los torturaron. Se descubrió el escondite de esclavos fugitivos, la casa embrujada. Parece que todo se acabó, padre José, lo siento. Pero dos escaparon y no fueron capturados. Ahora está el sr. Firmindo, que apareció muerto, ahorcado, no se sabe si conectado con el grupo o no. Algunos dicen que fue el traidor, que se arrepintió y se suicidó.

— ¡Pobrecito! – Exclamó mi hijo suspirando.

— ¡Pobre gente! José María se recuperaba lentamente. Ayudé a mi hijo a saber lo que realmente pasó. Josías fue llevado con su padre, quien casi tiene un ataque al corazón de pura angustia. Dos días después se lo llevaron cinco empleados en Río de Janeiro. Allí tendría que trabajar para ganarse la vida. Su padre no le dio más dinero. Sus tíos lo acogieron y lo mantuvieron hasta que consiguió un trabajo. Pronto pasó a formar parte de otro grupo abolicionista.

Los dos que escaparon fueron a la casa embrujada y la noche siguiente se fueron al quilombo, y de allí a otra ciudad, donde se asentaron y no quisieron pelear más por el ideal.

A los detenidos los torturaron, contaron todo y la casa embrujada fue destruida. Dos murieron y dos fueron encarcelados durante meses, luego fueron liberados enfermo y marcado por las torturas. Ambos dejaron la ciudad.

Los cuatro que desencarnaron fueron ayudados por antiguos esclavos, llevados a un Puesto de Socorro. Tres aceptaron la ayuda, pero uno, enojado, se fue a mezclarse con los vengadores. Hablé con él muchas veces, pero no logré hacerlo cambiar en opinión, eligió vengarse.

Firmindo los traicionó por dinero, pero no se suicidó. Después de denunciar a los amigos y recibir la recompensa, estaba en la mira del grupo de esclavistas. Después de hacer el arresto, el hacendado envió a tres del grupo a su casa, tomaron el dinero y lo mataron. Pero dejaron que la gente pensara que se había suicidado. Firmindo desencarnó enfadado y se unió al grupo de vengadores. Para este grupo, él era el más malo de todos. Sufrió mucho y fue ayudado muchos años después. José María, con la pierna vendada, fue inmovilizado, acostado o sentado en el cama, caminó con la ayuda de Amancio por la habitación.

El padre Alfonso cuidó a mi hijo, le dio medicinas, tónicos y se fue a verlo casi todos los días. Entendía bien de medicina, y aunque no había estudiado, leyó mucho sobre el tema. Con él estaba siempre un espíritu que había sido médico cuando encarnado y que lo ayudaba a tratar con los enfermos.

Hablaba mucho con los desencarnados que se quedaban en el convento o en el universidad, como se llamó más tarde. Intercambiamos ideas sobre nuestro trabajo. Este médico, Nataniel, comentó cuando nos reunimos para hablar:

– Tenía muchas ganas que el padre Alfonso también usara su conocimiento para aliviar los dolores de los pobres y esclavos. Por más que le pido no lo hace. Es fiel al padre superior y no cuestiona lo que dice ni lo que enseña a la Iglesia, obedece ciegamente. Le he advertido para pensar y encontrar soluciones por sí mismo, pero no razona, hace caso a lo que dicen. Afirmar que los negros no tienen alma, cree, y por mucho que la realidad le demuestre, insiste en pensar incorrectamente.

– Yo – dijo otro desencarnado, guía, protector de otro sacerdote –, me he esforzado para que mi compañero encarnado actúe correctamente, miente mucho, inventa historias y aumenta los hechos, trato de ayudarlo a vencer esta adicción, pero es difícil.

– Bueno – dijo otro –, mi trabajo tampoco es fácil. Yo era el padre de Armando, el cocinero, he estado tratando de advertirte para bien. Él no es malo, es trabajador, pero no quiere educarse ni hacer el bien, preferir ver malos ejemplos en lugar de buenos. Se rebela contra el mal, pero no hace nada, solo ver lo malo y no hacer nada no resuelve la situación. Quisiera que él no reclamase y ayudase a las víctimas de la maldad.

– He estado viniendo visitar a mi hijo – dijo amablemente una señora –, no quería era sacerdote, pero como se unió a la congregación, pensé que sería un santo. Pero solo estudia, también enseña, es inteligente, pero ajeno a los acontecimientos a su alrededor. Más allá de los estudios, nada le interesa.

Estaba con nosotros una señora desencarnada hacía muchos años y que fuera esclava, ahora tratando de ayudar a un grupo de amigos encarnados y era una guía una esclava. Ella estaba en una situación diferente a la nuestra, su protegida, encarnada la veía, hablaba con ella, la incorporaba y se quejó mucho porque ella no conseguía mejorar la vida su grupo. Esta señora nos dijo:

– Vean, amigos, mi dificultad. La amo, me gustan todos en el grupo y quería que fueran felices. Trato de mostrarles que las dificultades en el cuerpo físico son un medio que tenemos para encontrar soluciones y aprender. No puedo hacer lo que ellos me piden, no puedo resolver todos sus problemas, me cobran eso y me entristece.

Entendí que era solamente yo el que no tenía quejas del protegido y me regocijé. Días después encontré a Nataniel muy triste, le pregunté por qué y él respondió:

– El padre Alfonso no quiso cuidar de una esclava que abortó espontáneamente. Estaba disgustado con ella. Insistí con él y nada. Solo conseguí que él le explicara a otra esclava qué hacer para ayudarla. Lo intentamos, el esclava y yo atenderla, tiene una fuerte infección, quizás no pueda resistir. Ella tiene cuatro hijos. ¡Imagina, tener asco de un ser humano!

Pensé mucho en ello, queriendo saber más. Fui a la Colonia, hablé con mi instructor, mi amigo Josoel, y le pregunté justo después de los saludos:

– ¿Cómo sería realmente un buen protector?

– Tomando como principio que la herencia psíquica en el mundo físico se debe a necesidad de la individualización egoísta, necesitamos motivar en nuestro protegidos los impulsos de solidaridad. Los más adinerados inducirlos a sentir los mismos problemas, por lo que sentirá deseos de ayudar otros, ya que tenían la posibilidad de sentir lo mismo. En los menos afortunados económicamente, para inducirlos a ver que la dificultad financiera no les impide ser benévolos y que hay muchas maneras de ser útil. Si el protector o guía consigue alcanzar esos objetivos, es posible que no cambie internamente, en esencia, a su protegido, pero lo pondrá en una situación vibratoria de solidaridad que lo hará receptivo a la intuición en que el dolor o la victoria del prójimo también será suya, porque verá que solo somos uno dentro del grupo humano. Todos los hombres, a pesar de tener potencial diferentes, sufren y aspiran a las mismas cosas, tienen los mismos sentimientos. De todos modos, caminamos hacia un único objetivo, ser buenos.

– Maestro – dije sonriente –, sé que no te gusta que te llame maestro...

– Prefiero que me llames por mi nombre actual, Josoel. Es un bonito nombre, ¿no? Ya me siento gratificado de tenerlo, aunque si tuviera otro nombre no haría diferencia.

– Josoel – dije –, creo que la caridad es un punto fundamental y que beneficia a la humanidad. Pero he notado que la forma en que muchas personas la hacen no los cambia, ya que muchos la practican para recibir algo más o sentirse superiores. Yo quería ser bueno, no porque Dios quiera o porque Jesús enseñó, o alguien dijo o lo mandó, pero ser bueno porque mi naturaleza se volvió buena. No sé qué hacer para este cambio se realice en mí.

– Lorenzo, Jesús le dijo a Nicodemo que era necesario que renaciera por agua y espíritu. ¿Qué hemos hecho o ha pasado? Moriste para el cuerpo, yo también. Y tú eres el mismo. Aunque hubo una continuación en diferentes planos. ¡Somos lo mismo! El Nazareno dijo que es necesario que renazcamos y para eso es necesario que muramos. Esta muerte, no confundirla con los muerte del cuerpo, es una mutación espontánea que nosotros realizamos a través de visión de la verdad, que está contenida en nuestra conciencia.

Piénsalo, medita y vuelve a mí si aun tienes dudas.

Lo dejé agradecido. Comprendí que Josoel quería que pensara y encontrar por mí mismo la mejor manera de realizar este cambio interior.

Dos sacerdotes iban a São Paulo y el superior creyó mejor enviar con ellos a José María. Había prometido al hacendado que él no se quedaría más allí.

– Tienes que irte – le dijo el padre Alfonso –. Irás a São Paulo pasado mañana. Estás demasiado débil para viajar, pero el superior pensó que era mejor que partieras y pronto.

José Maria no respondió, por suerte el esclavo Amancio, que se hizo cargo de él, iría junto para ayudarlo.

Su equipaje eran dos mudas de ropa y unos medicamentos que el padre Alfonso preparó para él.

Se fueron por la mañana, no les permitieron despedirse de nadie. Mi hijo miraba todo con cariño, al pasar cerca de la casa donde enseñaba por la noche, su corazón latía con fuerza. La casa estaba cerrada, la escuela ahora estaba en manos de unos pocos alumnos, los que sabían un poco enseñaban a los que no sabían mucho.

– "¡Aquí estuve contento! – Pensó –. ¡Fui útil!"

El viaje fue muy difícil para él. El esclavo hizo todo para facilitar tu sufrimiento. El camino era difícil, a veces iba en la carreta encima de la ropa y pertenencias de viaje, a veces a caballo. Sentía mucho dolor, debilidad y mareos. Pero no se quejó. Siempre estaba animando a los demás que se quejaban ahora del calor, ahora del sol fuerte, ahora de la lluvia.

Pensé que desencarnaría en el viaje. Mi amigo médico vino a mi solicitud a verlo muchas veces.

Y como siempre sucedía, pronto se hizo amigo de sus compañeros de viaje y estaba aconsejando y guiando a todos. Un día, uno de los sacerdotes incluso comentó:

– Conociéndote, padre José, ahora te veo diferente. El sacerdote superior en recomendó que estuviéramos atentos a usted, que era peligroso y alborotador. ¿Cómo puedes ser peligroso? ¿Cómo terminó en el movimiento abolicionista? ¿Por qué desobedeció las órdenes superiores?

– Prefiero – respondió José María tranquilamente –, obedecer la voz de mi conciencia y la de Cristo. ¿Crees que si Jesús viniera a la Tierra, él estaría de acuerdo con la esclavitud?

– Creo que no… – respondió el sacerdote.

– Yo pienso como Él – dijo riendo José María, riendo.

Llegaron al colegio en São Paulo, mi hijo estaba débil, cansado y con mucho dolor. El superior de ese colegio lo envió directamente a la habitación y le pidió a un anciano sacerdote, el Padre Mariño, que lo ayudase. La habitación que le asignaron era pequeña y estaba cerca del jardín. Mi hijo disfrutó de un buen baño caliente y una cómoda cama. Amablemente el padre Mariño lo cuidó. El esclavo que lo acompañó vino a despedirse tres días después.

– ¡Padre José, su bendición! Vuelvo al convento. ¡Estoy triste! Ahí no será lo mismo sin usted.

– ¡Sí lo será! – Exclamó mi hijo –. Todos los lugares son buenos cuando estamos en paz con nosotros mismos y con Dios. ¡Vete en paz! ¡Que Jesús te bendiga!

El esclavo llorando, y José María abrazándolo, dijo emocionado.

– ¡Gracias, Amancio! Fuiste muy bueno conmigo. ¡Me ayudaste mucho!

Con el repentino cambio de clima, mi hijo se enfermó. Tuvo fiebre durante días, con mucha tos y dolores en el cuerpo. Pero se puso mejor y más fuerte. Su pierna ya no era normal, no había movimiento y solo caminaba cojeando y apoyado. Empezó a ir mucho al jardín y se hizo amigo de Osvaldo, un señor gentil que era el jardinero del colegio.

A medida que mejoraba, se volvió inquieto, quería hacer algo y le pidió al padre Mariño que intercediera ante al superior. Éste así lo hizo.

– Padre José – dijo amablemente el padre Mariño –. Hablé con el superior, me dijo que la orden que tenía era que te quedaras como preso, no debe salir de la escuela ni enseñar. Pero encontramos algo para que hagas. La biblioteca necesita alguien que cuide de nuestros libros. ¿Aceptas?

– ¡Con mucho gusto! – Respondió mi hijo contento.

Y al día siguiente se fue a la biblioteca. Organizó los libros con ayuda de un esclavo, los limpió y comenzó a guiar a los estudiantes en la investigación y la lectura, comenzó a leer mucho. Varios amigos desencarnados siempre lo estaban visitando, un día, tuve una sorpresa, Josías vino a nosotros.

– Mira – dijo sonriendo –. ¿Entonces eres el padre del padre José? Qué bueno saber que él está bien amparado en la espiritualidad.

Sonreí tímidamente. ¿Sería digno de ser llamado protector de alguien? Respondí:

– Querido Josías, José María se sustenta en su voluntad, fe y amor. Tres fuerzas imbatibles. Aprendo de él. Pero dime, ¿cómo desencarnaste? Y por lo visto estás bien.

– Gracias a mis amigos desencarnados, que eran esclavos, estoy bien. Admito que he hecho muchas cosas malas, pero como tú, estoy bien para aprender a reparar los errores. Cuando nuestro grupo se disolvió, fui a Río de Janeiro y allí conseguí un trabajo en una imprenta para un periódico y pasé a hacer parte de un grupo abolicionista. Pero los pasión me traicionó.

Me explico: me convertí en el amante de una hermosa mujer que también era la mujer de un mariscal. Estuve enamorado como tantas veces lo estuve, íbamos a hacer, yo y dos compañeros más, una liberación espectacular de dos esclavos que quedaron atrapados en el tronco, en una finca cerca de la ciudad. La hazaña fue programado para la noche, y por la tarde fui a su encuentro. Llevado por su juego, hablé de la aventura que estábamos planeando. Cuando estábamos a punto de ir a este hacienda, un esclavo de esa mujer vino a avisarnos que corríamos peligro.

Ella, para complacer a su otro amante, el mariscal, le contó de nuestro planes. Nos quedamos en duda si debíamos ir o no, y terminé por decidir:

– Los dos esclavos morirían si no son liberados. Desafortunadamente, caí como un tonto en las artimañas de esta desafortunada informante, pero solo le dije que liberaría a los esclavos, no le dije a dónde los llevaría. Siendo yo el responsable, no quiero que ustedes dos se arriesguen. ¡Iré solo!

Los dos compañeros no querían correr riesgos y fui, pero después de soltar los dos esclavos me sorprendieron, corrí, me dispararon, me acertaron y mataron mi cuerpo. No pude liberar a los esclavos, que también murieron, pero con la desencarnación se hicieron libres.

Confieso que me molestó la desencarnación, pero pronto estuve bien, estaba siendo tratado con mucho afecto por el negros que traté de liberar de ese cautiverio infame que es la esclavitud. Estoy bien y me permitieron visitar al padre José y otros amigos, estoy estudiando y luego trabajando duro a través de la liberación de los esclavos, nuestro hermanos negros.

– ¿No guardas rencor por esa señora que te traicionó? – Le pregunté.

– Bueno, fui un estúpido al dejarme engañar por ella. Pagué por el error de involucrarme con mujeres. En esta encarnación elegí permanecer soltero, no quería poner en peligro a mi mujer y a mis hijos, quería ser abolicionista y logré mi ideal y meta. Y ser abolicionista es peligroso, es arriesgarse, no lo lamento, desencarné feliz. Entonces los amigos desencarnados que me ayudaron me hablaron mucho sobre la necesidad de perdonar. Solo quiero recordar los buenos momentos que tuve., de los malo, ni los tuve, los olvidé.

Josías, se rio, abrazado José María despidiéndose:

– ¡Quédate con Dios, amigo! – Me miró y concluyó:

– Creo, sr. Lorenzo, que mi amigo el padre José nunca olvidó que tiene la Luz Divina. Está siempre con Dios, lo siente en sí mismo y en el prójimo. ¡Hasta pronto!

Me regocijé con aquella visita.

Un día vino la noticia. El padre Mariño le contó las novedades:

– Ha fallecido el padre superior de su antiguo colegio. Su habitación se incendió fuego y él murió carbonizado.

Mi hijo comenzó a orar por él y se preocupó:

– "¿Se suicidó? ¿Fue asesinado?"

Fui a averiguar. El sacerdote superior se emborrachó y una vela tocó su túnicas, no pudo apagar las llamas que se extendieron rápidamente.

Desencarnó con gran agonía. El grupo de vengadores lo desconectó del cuerpo carbonizado y lo llevaron al Umbral, lo procesaron y lo condenaron a sufrimientos terribles y además se llevaron juntos al alemán desencarnado.

Fui a ver a los vengadores para interceder por él. El jefe me recibió demostrando disgusto:

– Solo te recibo porque tú y tu amigo fueron útiles a muchos esclavos encarnados. Pero ¿por qué interceder? ¿Él lo pidió?

– No – respondí tímidamente –. Pero lo conozco y...

– ¿Olvidaste acaso que le pegó al padre José? ¿Que lo encerró en el sótano sin comida?

– Lo olvidé...

– Si tienes la costumbre de los buenos de olvidar las malas acciones y recordar las buenas, dime una buena acción que él haya hecho para venir aquí a interceder por él.

– Bueno – respondí –, no lo sé, pero no tengo por qué saberlo, he tenido poco contacto con él y...

– ¡Basta, amigo! ¡Ve a cuida de tu trabajo!

– ¿Por qué trajiste al alemán aquí recién ahora? – Pregunté –. ¿Por qué permitieron que él se quedara junto al sacerdote superior mientras estaba encarnado?

– Los dos actuaron juntos, tuvieron el tiempo de sembrar y ahora el tiempo de cosechar. No lo trajimos antes porque nos convenía que hicieran más fechorías, como sea posible para que nuestra venganza fuese perfecta.

Entiendo, son nuestras acciones las que nos liberan, trayendo paz o nos condenan al doloroso remordimiento, o si aun no nos arrepentimos, otros que se creen acreedores pueden exigir el pago. Dejaron que él y el alemán se equivocaran para que tuvieran más que cobrar. Cuanto más grande es la deuda, más encontraban acreedores.

De nada sirvieron mis ruegos, no me dejaron verlos. Entonces los dos enojados y orgullosos, no querían la ayuda que yo podía ofrecerles. Y por eso permanecieron allí durante años hasta que el dolor los llevó al agotamiento. Llegaron a la conclusión que actuaron incorrectamente y rogaron por ayuda.

José Maria estaba feliz en la escuela de la ciudad de São Paulo. Estaba aprendiendo mucho y poco a poco se hizo querido por todos, pero su salud era precaria, caminaba con mucha dificultad, tenía dolores en el cuerpo, era muy delgado, pero su expresión era siempre alegre, irradiando paz.

Pronto completaría 52 años.

Siempre se levantaba muy temprano y cuando hacía buen tiempo iba al jardín para ver el sol naciendo. Y era en un día así cuando se sentó y oró, y yo me senté a su lado y muchos amigos llegaron a visitarlo. Leonor, Marita, Amancio, lino y muchos ex esclavos.

Me pareció raro. Leonor me explicado:

– José María irá a desencarnar. Vinimos a darle la bienvenida.

Se acercó un socorrista. Ella le dio un pase y le dio sueño. Sintió por un momento un dolor agudo en el pecho, su corazón se detuvo, pero volvió en segundos y se sintió bien. Nos vio, sonrió feliz y se fue dormido.

En pocos minutos era desconectado. Marita explicó a Amancio:

– José María es desapegado la materia, su desligamiento solo podía ser rápido.

Fue llevado a la Colonia por el socorrista y todos sus amigos lo acompañaron. Yo me quedé. Miré su cuerpo físico, era delgado, pálido, pero sonriente, contento.

El señor Osvaldo, el jardinero, llegó y lo saludó:

– ¡Buenos días, padre José! ¿Está durmiendo? Llegará tarde a la biblioteca. ¡Él debe ser soñando con los ángeles, está sonriente!

Se acercó, lo examinó y luego se pasó la mano por delante de la nariz. Exclamó asustado:

– ¡Dios mío! ¡Él se murió!

Salió corriendo a llamar al padre Mariño. Éste vino rápido y constató:

– ¡El padre José, falleció!

Se hicieron arreglos y su cuerpo fue sepultado en la capilla. Al día siguiente, en la mañana, era enterrado en una sencilla ceremonia como fue su vida.

Terminado el entierro, me despedí de los amigos desencarnados que estaban en la escuela por varios motivos y me fui a la Colonia. José María estaba bien, despertó feliz de ver a sus amigos. Su cuerpo periespiritual estaba sano y se despertó renovado, dispuesto y feliz. Estaba en la casa de Marita y Amancio. Fui a verlo.

– ¡Padre! – Exclamó –. Qué bueno es abrazarte y poder agradecerte por todo lo que hiciste por mí.

Sonreí. Cómo aprendí de él. Y cómo el conocimiento es un tesoro precioso. Comprendí que el amor es la fuerza más grande que tenemos y la más importante de todas las cualidades, y con él tuve innumerables ejemplos de actos de amor. José María, curioso, preguntó mucho, rápidamente aprendió sobre la vida en el plano espiritual. Unos días después estaba listo para estudiar y continuar su trabajo.

Permanecí algunos días con él y hablamos mucho.

– Padre mío – dijo –, voy a estudiar y luego dedicarme a la guía de los personas que afirman seguir una religión. Quiero ayudar a todos a ser religiosos, para tener a Cristo en el corazón y como ejemplo tener la religión interiormente, sea la que sea, y no solo una etiqueta. La religión de hechos externos es poco, muy poco y no ayuda a nadie. Quiero despertar el amor en las personas, para que se amen a sí mismas y a todas las criaturas, y me voy empeñar con todo cariño en ese objetivo.

– Y yo, hijo mío, debo reencarnar. Quiero poner en práctica lo que He aprendido.

Meses después, me despedí de mis amigos. Por la bendita oportunidad, volvería a uno otro cuerpo. Reencarnaría.

FIN

EPÍLOGO

Luego en otra encarnación, de vuelta al plano espiritual, aproveché la oportunidad de la reencarnación y trabajé en el cuerpo físico como médico, me sentí realizado con la Medicina. Estaba feliz.

Recordé después de algún tiempo todas o casi todas mis encarnaciones. Me acordé de José María, ese querido amigo que nunca me abandonó, me visitaba siempre cuando estuve en carne y hueso, así como vino a verme a menudo cuando estaba desencarnado. Yo era su amigo, pero después de recordar, comprendí que era más que un amigo, era un compañero, un maestro querido. Quería verlo y fui a visitarlo. Nuestro encuentro fue muy emotivo para mí. Le di un fuerte y agradecido abrazo.

– ¡Cómo tengo que agradecerte! – Exclamé contento –. Contigo aprendí mucho. Eres mi ejemplo a seguir. Hijo mío, me realicé ejerciendo mis conocimientos médicos en mi última encarnación.

José María sonrió a su manera agradable y amable, me miró afectuosamente. Llevaba años desencarnado, enseñando en Colonias de estudios, con el objetivo de enseñar, orientar a las personas que utilizan imprudentemente alguna religión. También fue el maestro de muchos que esperaban reencarnar y ser religiosos, y a motivar a las personas a modificarse y vivir verdaderamente las enseñanzas de Jesús.

– Si te sientes realizado con la Medicina, ¿por qué no ejercitar la plenitud en sector? ¿En literatura? – Me preguntó.

– Tuve una experiencia con la literatura en el pasado que no fue muy ennoblecedora – le dije.

Llegaron los recuerdos... Francia... Estaba desencarnado cuando, en una fiesta en el Umbral, conocí a un hombre encarnado que, desconectado de su cuerpo mientras dormía, estaba siendo homenajeado. Él era un escritor. No tenía mucho talento, pero escribía un montón de tonterías al gusto de los Umbralinos. No me gustaba, no sabía por qué. Sin embargo, me sentí atraído y comencé a quedarme con él. Me aceptó. Entonces le daba ideas que creía eran fabulosa.

Nuevamente no menciono nombres. Este episodio por el que sufrimos mucho y que en este momento sentimos los errores reparados, fue un período en el que abusamos del talento indebidamente, de algo que se nos dio como oportunidad para crecemos espiritualmente. Este escritor era bohemio, escribió versos en el comienzo de su carrera y los vendió. Luego se las arregló para escribir libros, eran pocos. Abandonó a su esposa y a sus dos hijos y comenzó a vivir con amigos afines, a los que apoyaba. Me divertí con ellos. Fueron felices, bebían mucho y vivían en la intriga y el chantaje. Él tuvo muchos amores, aunque equivocándose mucho estas personas del grupo eran amigos.

Lo ayudaba. ¿Ese es el término correcto? ¿La ayuda no es cuando solo hacemos e bien? Eso es lo que pensé que estaba haciendo en ese momento. Advierto a los encarnados que hay que ser precavidos y aprender a distinguir entre el bien y el mal. Pensé imprudentemente que lo ayudaba inspirándolo a hacer lo que él quería. Pero, ¿lo que queremos siempre es bueno para nosotros? No lo fue, para ninguno de nosotros. Cometimos muchos errores. Todavía no me gustaba, pero me gustaban sus amigos y para que todos vivan bien económicamente, necesitaba inspirarlo, porque todos vivían de sus escritos y de sus consecuencias. Eran historias picantes, eróticas, en las que siempre ponía su ideas ateas. Dios existía solo en la imaginación de los necios y los más inteligente no necesitaban de esa muleta. Un chantajeado lo asesinó. Desencarnó con 51 años, en el apogeo de la existencia ingobernable. Pasó un tiempo en el cuerpo, viéndolo pudrirse. Sus amigos se dispersaron, compartieron lo que tenía y salieron. de allí, de la casa donde vivían. Seguí a uno de ellos, el que más me gustaba. Luego en años reencarné lejos de ellos

José María se tranquilizó mientras pensaba, después, preguntó suavemente:

— Entonces, ¿por qué no dignificar estas experiencias transformándolas en trabajo, así como la creación de un entorno para que otros puedan transformarse?

— Pensé que pasaría una buena cantidad de tiempo en el plano espiritual. ¿Debería reencarnar? ¿O cómo me puedo ejercitar estando desencarnado? – Pregunté preocupado.

— ¡Puedes hacerlo en el plano en el que estás, desencarnado! ¿No lo inspiraste a escribir en el pasado? Ahora podrás inspirarlo nuevamente.

— ¡¿Pero?! – Tartamudeé.

— ¿Ya no lo has hecho antes? Y lo hiciste incorrectamente. ¿Por qué no hacerlo ahora para el bien? Mediante este trabajo harán que la gente crea de cierta manera. Solamente eso no lo inspirarás, sino que escribirás por su intermedio. Ahora esa persona, el escritor del pasado, es un médium y tiene un gran potencial.

— ¡Es algo difícil! Este espíritu ya no tiene el don, el talento para escribir. ¡Él no sabe nada!

— Quien lo tuvo, siempre lo tendrá. Ahora dormido, puede ser despertado. Luego serás tú quien escribirá.

– ¡Va a ser trabajoso! ¡Tendremos que entrenar por años – dije triste.

– ¿Te fue fácil motivarlo al mal? Durante años lo inspiraste. ¿Por qué quieres facilidades? ¿Las mereces?

Yo estaba avergonzado. Entendí que quienes lo merecen son los que normalmente no las tienen. Y nada se hace bien sin trabajo perseverante y honesto. Y cuando se trata de este intercambio mediúmnico, siempre es necesario capacitación, estudio y aprendizaje.

José María, hablando suavemente, me aclaró:

– La belleza y el placer en realizar un trabajo están contenido en el desafío de una dificultad. Junto a esta médium podrás ejercitar la paciencia del amor, de la entrega al ser humano y, como nos enseñó Jesús, amar al prójimo como a ti mismo. Si quieres crecer, ayuda a los demás como si fuera para ti. Si quieres lograr, poseer la plenitud de la vida, ayuda a otros a hacer lo mismo. Además, todos los que hicieron parte de los acontecimientos de esa época están encarnados. Nadie culpa al otro, todos están conscientes de su parte en el error. Cuando sea el momento adecuado, se encontrarán y creo que cada uno hará su parte. ¿Vamos a verlos?

Como el amigo lector, debe haber percibido, la antigua esposa, el escritor ateo, Lourdesita y ahora mi compañera de trabajo son un solo espíritu que aprende a amar reflejándose en aquellos que aman.

Después de años de trabajo, de convivencia, ya no éramos dos, sino uno solo, porque para que el trabajo se hiciera bien era necesario que yo ayudara a la médium en su día a día. Para ayudarla de manera eficiente, fue necesario para mí entenderla, y para entender al ser humano es necesario tener las mismas emociones, vivir tus penas, alegrías, esperanzas y frustraciones.

Un buen día me di cuenta que ya no hacía ese trabajo para conseguir algo, pero por amor. Es toda la razón de mi vida. Y todos que forman parte de esta actividad: el médium, las personas que conviven, colaboran y los lectores son seres a los que les dedico un cariño inmenso. Ellos y yo ya somos uno. Los amo intensamente. Es un amor que nació en ausencia de posesión o resultados programados. Para mí, Dios está en el trabajo, en los colaboradores y en quienes disfrutan de este trabajo.

No veo a Dios, ¡¡¡lo siento en todos!!!

Libros de Vera Lúcia Marinzeck de Carvalho y Patricia

Violetas en la Ventana

Viviendo en el Mundo de los Espíritus

La Casa del Escritor

El Vuelo de la Gaviota

Vera Lúcia Marinzeck de Carvalho y Antônio Carlos

Amad a los Enemigos

Esclavo Bernardino

la Roca de los Amantes

Rosa, la tercera víctima fatal

Cautivos y Libertos

La Mansión de la Piedra Torcida

La Casa del Acantilado

La Gruta de las Orquídeas

Ocurrió

Aquellos que Aman

Grandes Éxitos de Zibia Gasparetto

Con más de 20 millones de títulos vendidos, la autora ha contribuido para el fortalecimiento de la literatura espiritualista en el mercado editorial y para la popularización de la espiritualidad. Conozca más éxitos de la escritora.

Romances Dictados por el Espíritu Lucius

La Fuerza de la Vida

La Verdad de cada uno

La vida sabe lo que hace

Ella confió en la vida

Entre el Amor y la Guerra

Esmeralda

Espinas del Tiempo

Lazos Eternos

Nada es por Casualidad

Nadie es de Nadie

El Abogado de Dios

El Mañana a Dios pertenece

El Amor Venció

Encuentro Inesperado

Al borde del destino

El Astuto

El Morro de las Ilusiones

¿Dónde está Teresa?

Por las puertas del Corazón

Cuando la Vida escoge

Cuando llega la Hora

Cuando es necesario volver

Abriéndose para la Vida

Sin miedo de vivir

Solo el amor lo consigue

Todos Somos Inocentes

Todo tiene su precio

Todo valió la pena

Un amor de verdad

Venciendo el pasado

Libros de Eliana Machado Coelho y Schellida

Corazones sin Destino

El Brillo de la Verdad

El Derecho de Ser Feliz

El Retorno

En el Silencio de las Pasiones

Fuerza para Recomenzar

La Certeza de la Victoria

La Conquista de la Paz

Lecciones que la Vida Ofrece

Más Fuerte que Nunca

Sin Reglas para Amar

Un Diario en el Tiempo

Un Motivo para Vivir

¡Eliana Machado Coelho y Schellida, Romances que
cautivan, enseñan, conmueven y
pueden cambiar tu vida!

Romances de Arandi Gomes Texeira y el Conde J.W. Rochester

El Condado de Lancaster

El Poder del Amor

El Proceso

La Pulsera de Cleopatra

La Reencarnación de una Reina

Ustedes son dioses

Libros de Vera Kryzhanovskaia y JW Rochester

La Venganza del Judío

La Monja de los Casamientos

La Hija del Hechicero

La Flor del Pantano

La Ira Divina

La Leyenda del Castillo de Montignoso

La Muerte del Planeta

La Noche de San Bartolomé

La Venganza del Judío

Bienaventurados los pobres de espíritu

Cobra Capela

Dolores

Trilogía del Reino de las Sombras

De los Cielos a la Tierra

Episodios de la Vida de Tiberius

Hechizo Infernal

Herculanum

En la Frontera

Naema, la Bruja

En el Castillo de Escocia (Trilogia 2)

Nueva Era

El Elixir de la larga vida

El Faraón Mernephtah

Libros de Elisa Masselli

Siempre existe una razón

Nada queda sin respuesta

La vida está hecha de decisiones

La Misión de cada uno

Es necesario algo más

El Pasado no importa

El Destino en sus manos

Dios estaba con él

Cuando el pasado no pasa

Apenas comenzando

Libros de Mónica de Castro y Leonel

A Pesar de Todo

Con el Amor no se Juega

De Frente con la Verdad

De Todo mi Ser

Deseo

El Precio de Ser Diferente

Gemelas

Giselle, La Amante del Inquisidor

Greta

Hasta que la Vida los Separe

Impulsos del Corazón

Jurema de la Selva

La Actriz

La Fuerza del Destino

Recuerdos que el Viento Trae

Secretos del Alma

Sintiendo en la Propia Piel

World Spiritist Institute

https://iplogger.org/2R3gV6